江戸の風に聞け！

武州磯子村から

ITO Shoji

伊藤章治

論創社

まえがき

江戸湾沿いの小さな村・武州久良岐郡磯子村（現・神奈川県横浜市磯子区）。その村の旧家・堤家の蔵に眠っていた江戸期の古文書から出発、江戸文明の素顔に迫り、さらにそこから二一世紀の「いま」の歪みを撃てないものか――。そんな妄想に取りつかれたのはいつだったか。記憶は定かではないが、「江戸文明には、混迷の二一世紀を生きる私たちへの確かなメッセージがある」「江戸の風に聞こう！」との思いが、コロナ禍やロシアのウクライナ侵攻で、大きく増幅されたことは間違いない。

では、江戸文明とはいかなるものか――。

「私はこれまで、容貌に窮乏をあらわしている人間を一人も見ていない。子供たちの顔はみな満月のように丸々と肥えているし、男女ともすこぶる肉づきがよい。彼らが十分に食べていないと想像することはいささかもできない。……衣食住の点で世界の同階層と比較すれば、最も満足すべき状態にある」

米国の初代駐日総領事（のち公使）として伊豆・下田にやって来たタウンゼント・ハリスは、幕末、維新期の日本の民衆の姿を『日本滞在記』にそう書いている。さらに別の個所では「富者も貧者もない。――これが恐らく人民の本当の幸福の姿というものだろう」と最大級の賛辞を綴る。

ハリスだけではない。英国の外交官ラザフォード・オールコック、香港主教ジョージ・スミス、英国の女性旅行家イザベラ・バードらも「幸福で満ち足りた、暮らし向きのよさそうな住民、とりわけ子供」の満面の笑みに感嘆を隠さない。

世界各地を経巡《へめぐ》って来たハリスらがそろって、「大きな勘違い」をするとは考えにくい。日本の民衆の笑顔はおそらく本物であったろう。そして、文明が生活総体の謂《いい》だとすれば、民衆にいっぱいの笑顔をもたらした江戸文明は「最上級の文明」と呼んでよかろう。

本書「江戸の風に聞け！」では、そんな江戸文明の実相に迫ることを第一の柱としたい。

第二の柱は、外国人を驚嘆させた江戸の「環境」だ。産業革命後の一八世紀後半から一九世紀前半にかけてのイギリス・ロンドン、フランス・パリは、都市環境の極度の悪化に直面していた。それとは対照的に一〇〇万都市江戸は、隅田川の河口付近に白魚が棲息、空には鶴が優雅に舞っていた。なぜ、そんな世界に冠たる「環境大国」が実現したのかについて考察、江戸から宇宙時代までの環境思想も俯瞰したい。

第三の柱は人の生き方、そして死に方。江戸期は、現代人からみると思わずため息が漏れるほどの「見事な生きざま、死にざま」の人物を輩出する。そんな人物の生き方から、江戸の精神風土を探りたい。

それらのテーマに迫る手法として私は、磯子村の架空の村人を登場させての「物語形式」を考えた。まず、江戸期磯子村の「ある典型」といえる村人を選び出す。村に関連する様々なデータから「きっと、こんな人、村にいたよね」と思われる人物を創出するが、やはりそれは架空の人物、フィクションだ。次にこの人物を動かしてみる。仕事をさせたり、旅をさせたり、人と面会・会話させたり……。そうした動きについては古文書に即して可能な限りノンフィクションとし、絵空事にならないことを目指す。「骨格はフィクション、構成要素はノンフィクション」という手法だ。

具体的には、磯子村に生きたある一族三人に登場願う。時代は江戸中期から明治一〇年頃までの約一世紀・一〇〇年。三人それぞれが生きた時代の生活史、そして一端でもいいので精神史を報告する物語としたい。

歴史は、声高に告げる術のない個人の体験の集積でもあるはずだ。磯子村の三人に代表される無名の民の声に、虚心に耳を傾けたいと思う。

この物語を、宝永四年（一七〇七年）の富士山噴火から始めたい。江戸にも火山灰が雪のように舞ったという「近世最大の自然災害」に、村人は手に手をとって立ち向かい、村を再生させた。汗と涙の復興作業を通じて、人々が助け合う共同社会、村の自治が確かなものになり、江戸文明の確かな基礎が築かれたと考えるからである。

なお、古文書などの史料（資料）は出来るだけ忠実に引用したが、「馴染みがなく難解で煩雑」と思う方は、その部分を飛ばしてお読みください。前後の補助説明で、意味は通じるようにしたつもりです。

また、本文中は原則、「敬称略」とさせていただいた。お許しをいただきたい。

江戸の風に聞け！

——武州磯子村から

目次

第一章——富士山大変

1　近世最大の自然災害

富士が吠えた。静岡県『小山町史』によれば——。

時は宝永四年（一七〇七）一一月二三日の巳の刻（午前一〇時頃）。六二〇年ぶりの大爆発で、「近世最大の自然災害」とされる。

富士山頂（三七七六メートル）から東南斜面、海抜二七〇〇メートルほどまで下がった位置が新しい噴火・爆発の火口となった。火口は長径一三〇〇メートル、短径一〇〇〇メートル、深さ一〇〇〇メートル。火口直下に上昇したマグマは、大音響、地鳴りとともに、約一〇億立方メートルと推定される巨大な山体を吹き飛ばした。真っ赤な炎が上がり、火山弾混じりの岩や砂が、天空近くまで噴き上げる。富士山本宮浅間大社の社僧は「富士山は大火となり、一〇丈（約三〇メートル）ほどの火の玉〝火山弾〟が上空高く打ち上げられ、近くの山に落ちた。一丈（約三メートル）ほどの太刀の形をした電光がたがいに切りむすぶように見えた。雷鳴は耳を聾するばかりであった」と書き記している。

山麓の村人たちの阿鼻叫喚《あびきょうかん》については、小説家の筆を借りたい。新田次郎『怒る富士』は、親に結婚を反対された名主の倅・佐太郎と、村の貧しい農家の娘・つるとが駆け落ちする場面から始まる。不運にもその時、富士が大爆発を起こす。

「用意はいいな」

佐太郎はつるの耳元で言った。つるは黙って彼女の足元に置いてある風呂敷包みを持ち上げた。佐太郎はつるを抱え込むようにしてその場を去ろうとした。二、三歩歩いたところでつるの足が止まった。

……

「どうしたのだつるさん」

「音が、地の底から聞こえる」

（中略）

大爆発はそのときにおこった。爆裂音はあらゆるものを打ちのめすように強大だった。人々は例外なく鼓膜が破られたと思った。爆裂音と同時に爆風が直立しているすべてを薙ぎ倒そうとした。佐太郎はつるを掻き抱くようにして大地に伏せた。

……

南無阿弥陀仏を唱える者がいた。ただわけもなく奇声を発する者もいた。泣いている者もいた。大地をかきむしるようにして叫んでいる者もいた。両手を高く上げて走り出す者もいた。

「世の終わりが来たのだ」

と誰かが言った。

佐太郎とつるはその言葉を聞きながら、世の終わりが来たのなら、このままここで二人は死ぬのだと思った。二人はいよいよ固く抱き合った。

2　受難のさま

噴火後の状況は錯綜を極めるが、ここでは①被害状況と人々の受難　②公儀の対策と迷走――の順に、概略を記したい。『神奈川県史通史編3　近世2』、『小田原市史通史編近世』、『御殿場市史8　通史編上』、『小山町史　第七巻近世通史編』、永原慶二『富士山宝永大爆発』に拠る。

須走村（現・静岡県小山町須走）は、噴火口から東約一二キロ、富士山麓最奥の村落で、海抜約八五〇メートル。須走口登山道の起点であり、甲州（現・山梨県）、駿州（現・静岡県）をつなぐ物流拠点の宿駅である。特に甲斐の郡内地方は米が全くとれず、米の全量、塩など生活物資を、駿河からの運搬に頼っていた。そして須走村内には浅間神社があり、神社に至る道の両側には三四軒と四一軒、計七五軒が軒を連ねる。噴火直後、猛烈な灼熱の火山弾がこの村を直撃、三八軒を倒し、残り三七軒を焼く。村は文字通り「全村壊滅」となった。

先走ることになるが幕府は、「物流拠点のこの村を放置するわけにはいかない」として他の村々に先がけ即座に、一八五四両余の復興費を決め、須走村再建に乗り出している。『小山町史』はその理由を、「甲斐谷から駕籠坂峠を越えて、駿府に通じる道は、幕府諸役人の往来繁く、当時は宇治の茶壷も江戸への復路はこの道を通った」ため、と記している。

岩、砂などの噴出物の総称を専門家はテフラ（tephra）と呼ぶが、噴火のはじめ白色だったテフラはやがて黒色に変わり、昼だというのに東面の山麓の村々は闇夜の状態となった。テフラの飛散は翌二四日も続き、一二月八日になってようやく終わった。

神奈川県小田原市の『小田原市史』によれば、積砂の深さは、須走村の三〜三・六メートルを筆頭に、そこから一〇キロ東の小山村で一〜一・五メートル。相模国（現・神奈川県）に入っても酒匂川上流の川西・湯触付近（山北町）で約一メートル、山北、岸付近（同）でも六〇センチ、千津島、関本、中沼付近（南足柄市）で三六〜五四センチ、小船、曽我谷津、永塚付近（小田原市）で一二〜一八センチだった。

さらに、現在の神奈川県秦野市付近で三九～四五センチ、藤沢市付近で一八～二七センチ、横浜市港南区付近で一八～二四センチに達し、冬作の麦は各地で全滅した。

降砂は噴火当日のうちに富士山の東九七キロの江戸にも届き、約五センチの積灰となる。駿河・相模・武蔵（現・東京都と埼玉県、神奈川県の川崎市、横浜市）三国の広大な地域に、富士は灰を降らせたのだ。

江戸の状況については、新井白石が「折りたく柴の記」で、次のように記している。

「此日（二三日）午の時（正午）雷音、白灰降る、草木もみな白色となる。空暗く燭をともして講義、戌の刻（午後八時）降灰やむ」

「二五日夜、また灰大量に降る、この後も黒灰降る。一二月九日に至って雪降る。この頃人びと、のどをいため、せきに苦しむ」

降砂は実に厄介者である。その実体は砂ではなくガラスのかけら。人間が吸い込めば喉や肺に重大な障害が出る。水には溶けず、乾燥すれば何週間も風で空中を舞い、雨が降るとセメントのように固まる。また、火山灰が屋根に一センチ降り積もったとすると、一平方メートル当たりの重さは約一〇キログラム、雨が降ればその二倍の約二〇キログラムになり、家を押し潰すのだ。

須走村を含む御厨地方では多くの家が潰れ、田も畑も秣場も火山灰に埋まった。御厨地方とは現在の静岡県駿東郡小山町、御殿場市、裾野市の一部に当たる地域で、その名は古代伊勢神宮の神饌（神様への供物。酒、米、水、塩など）を供する地域だったことに由来する。

村々では、働ける者は男女を問わず沼津や三島に出稼ぎに出、農家の駄賃稼ぎとして欠かせない存在だった馬も売りに出された。宝永六年（一七〇九）の段階で、須走村を除く七カ村の状況は、次のようなものだった。

▽「他出または死者」　三五・二％
▽「生活可能者」　一一・三％
▽「飢人」　五三・六％
▽「馬の残留率」　一一％

（『御殿場市史8　通史編上』、『富士山宝永大爆発』）。

神奈川県側も惨憺たる状態だった。降灰の村々に、足柄平野を流れる酒匂川の洪水が迫い打ちをかけたのだ。

山麓に降った火山灰は、沢や小川を伝い酒匂川に集まり、川底を押し上げた。宝永五年（一七〇八）六月二二日、大雨で酒匂川の岩流瀬堤、大口堤が決壊、岡野村（現・開成町）、斑目村（南足柄市）など六カ村が水没。五〇〇軒二八〇〇余人は、近くの怒田村（同）や駒形台（同）などの高台に「浅ましき小屋掛け」（『神奈川県史・通史編3』）して移り、「呑み水等まで御座なく、大困窮」（前掲書）の暮らしを強いられる。ここでも「達者なる男女は奉公またはかせぎ等にまかり出」（前掲書）、老人、子供、病人などが残された。

その後も洪水は再三起こり、穀倉地帯の足柄平野を水浸しにする。小屋掛けの人びとは次第に追い詰められ、「惣飢人にまかりなり」という亡村（廃村）の危機となっていった。

3　上知と「諸国高役金」

では、対策はどうだったか。初期の対策の要諦は「御救い米」の早急な給付であったはずだが、『小田原市史』は「（小田原藩）領内各地でも、各種の対応措置がとられていたはずだが、その実態はいまだ不明」としている。わずかに小田原支藩大久保長門守領だった棚頭村（静岡県小山町）に、宝永四年（一七〇七）一二月一二日から翌宝永五年閏正月一五日まで、「飢人扶持米」が給付されたとの記録が残る。支給された米は飢人一人一日当たり一合弱だった。

相模国でも、村人の江戸訴願などの紆余曲折の末、宝永五年初頭、足柄郡の村々に御救い米として二万俵が支給されるが、村人が強く望んだ「砂除け金支給」は実現しなかった。

被災地の大部分は小田原藩（藩主・大久保加賀守忠増）に属する。幕府の老中の職にあった忠増は「一藩での対応は無理」として、被災地の知行の幕府への上知（返上）を素早く決断。宝永五年閏一月三日、小田原藩領足柄・御厨地方の被災地、石高合計五万六三八四石余の返上・幕領化が決定した。実に小田原藩一一万五六〇〇石の約半分に当たる。村数では、相模国足柄上下両郡、陶綾郡、高座郡の一一八カ村、駿河国駿東郡の七九カ村の合計一九七カ村。小田原藩には替地が与えられた。

時の将軍は五代綱吉。極端な動物愛護で知られる綱吉の寺社造営や寄進で、幕府財政はピンチを迎えていた。その綱吉を柳沢吉保や、辣腕で鳴る勘定奉行荻原重秀らが支え、側近政治ともいわれた。

荻原重秀の主導で宝永五年閏一月七日、「駿河、相模、武蔵三カ国砂積村々救済のため」として幕府は、全国の公私領に「高一〇〇石につき金二両」の諸国高役金を課徴する。併せて同日、関東郡代・伊奈半左衛門忠順《ただのぶ》に「砂除川浚奉行」を命じた。高役金はほぼ一〇〇％の納入率で、四八万八七七〇両・銀一貫八七〇目余が期限内に納入された。

永原慶二『富士山宝永大爆発』によれば、幕府の法令や外交文書などを集めた『蠹余一得《とよいっとく》』に被災地救済金の記載がある。その総額は六万二五五九両余。内訳は、①伊奈半左衛門忠順を通じて降砂被害の駿河、相模、武蔵の三国へ直接、下付された御救い金が六二二五両余　②須走村焼失に付き下されたのが一八五四両余　③「川浚いその他諸役人用の分」が五万四四八〇両余。

被災地救済金の総額六万二五五九両余は、実は高役金全体の約一三％に過ぎない。なぜ、そんなことに――。それにはカラクリがあった。「諸国高役金令」の「御触」には、「近年御入用の品々これ有る所、去冬武州・相州・駿州三カ国の内、砂積り候村々御救い旁々の儀につき」とある。「旁々（かたがた）」とすることで、幕府勘定奉行荻原重秀は当初から、高役金で幕府財政の補填をはかるつもりだったのであろう。被災地には何とも非情な措置で、富士噴火災害はここに至って、にわかに「人災」の色彩を帯びてくる。

では、高役金から被災地救済金を引いた差額約四二万両はどうなったのか。荻原重秀は、宝永六年一月の将軍代替わり時の財政事情説明の中で、「一六万両を被災地救済に充て、残りは御所の造営費に充てるべく留保しておいた」と述べている。しかし『蠹余一得』では被災地救済金は六万二五五九両、重秀のこの説明では一六万両。話は合わない。一〇万両近い差、それはどこへ消えたのか――。

綱吉の死後、家宣が六代将軍に。そして家宣の侍講の新井白石が政権運営の実権を握る。白石の厳しい追及で、荻原重秀は勘定奉行を罷免された（正徳二年・一七一二年九月）。

先に被災地救済金合計六万二五五九両の内訳をみたが、川浚い、具体的には酒匂川の治水・堤防強化に充てられた金額が、被災地救済金全体の八七％と圧倒的に多い。酒匂川流域の足柄平野は穀倉地帯であるうえ東海道、足柄道の通る交通の要地でもある。幕府は酒匂川治水に対策を集中され、それ以外の村々の砂除けは「自力で」とした。その結果、山麓の村々の砂除けは遅々として進まない。そして重点を置いた酒匂川の治水・堤防対策も、実質は万事、町人請負事業で、おざなりの築堤の結果、損壊を繰り返すことになる。

『神奈川県史』によれば、享保元年（一七一六）、一応の回復として九四カ村が小田原領に戻る（戻り村）。さらに延享四年（一七四七）、残る一〇三カ村も戻り村となり、全村の復帰がなるが、田畑の収穫は噴火前に遠く及ばず、真の復旧は村によっては幕末、明治まで持ち越されたのだった。

4　不忘の人――伊奈忠順伝説

見てきたように、小田原藩から幕府に上知（返上）された一九七カ村は、宝永五年閏一月、関東郡代・伊奈半左衛門忠順の手に委ねられ、復興、対策が進められることになった。伊奈家は代々、関八州の幕府直轄領三〇万石を管轄する関東郡代を務め、武蔵国赤山（現・埼玉県川口市）に陣屋を持つ知行七〇〇〇石の大身旗本だ。「治水の伊奈家」といわれ、七代当主の半左衛門忠順も、隅田川永代橋（長さ二〇〇メートル）の架橋、深川埋め立て工事、本所堤防修築で腕を振るっている。富士噴火対応でも「この人を措《お》いてない」とされた人物である。

忠順にはいくつかの「伝説」がついて回る。新田次郎も、職場（富士山頂観測所）の先輩から「宝永噴火のため田畑が砂に埋まり、農民が餓死に瀕した時、代官伊奈半左衛門忠順は駿府にある幕府の米蔵を開けて飢民を救った。しかし、その咎を受けて幕府に捕らえられ、江戸へ送られて、死罪になった」との話を聞かされ、感動して彼を主人公とした小説『怒る富士』を書いたという。

しかし、伊奈忠順は、治水、酒匂川の洪水防止では成果を上げることはできなかった。

だから伊奈忠順に対する酒匂川沿岸の村人の評価は、決して高いとはいえない。ただし、宝永五年六月二二日の酒匂川・岩流瀬堤、大口堤の決壊については、その責任を忠順に負わせるのは酷である。彼が就任したときすでに、江戸町人による請負工事が決まっており、忠順が口を挟む余地はなかったからだ。「利根川の東遷、荒川の西遷」を成し遂げた「治水の伊奈家」の七代目である忠順の無念は、察するに余りある。

伊奈半左衛門忠順が力を発揮したのは、山麓の村々に対する対策だった。彼は宝永六年（一七〇九）五月から六月にかけ、足柄・御厨地方を含む被災地全体を本格的に巡検する。自分の足で歩き、自分の眼で惨状を確かめ、住民の声を直接、聞き、彼らのこころをつかんでいく。永原慶二は「苦労の大きい足柄峠をこえ、竹之下から自らの足で最奥の須走まで登った。忠順の家は代々関東郡代であり、……知行七〇〇〇石ほど、武蔵国足立郡赤山（川口市）に陣屋を持つ大身の旗本であったから、直接村々を歩いて住民に接するなどということは通常ではめったにないことだった」（『富士山宝永大爆発』）と書いている。伊奈忠順は現地で直接住民の声を聞くとともに、その訴えを書面にして会所に提出させている。

そうした準備の上に忠順は、その年・宝永六年九月に開かれた荻原重秀屋敷での勘定所内談に、御厨地方の村々の代表三人を参加させ、荻原重秀以下の役人たちに直接、住民の苦しみの声を聞かせている。これは「異例中の異例」の、実に思い切ったやり方だ。そしてこの異例の会議を経てその年一二月、御厨住民らの切望する砂除金の給付が正式に決まった。砂の深さ三尺以上の三六カ村に、村高に応じ支給するというもので、その額は高一〇〇石につき金九両～九両二、三分に過ぎなかったが、永原は「この措置が、御厨住民たちにどれほど明るい希望を与えたかは推測に余りある。それは支給される砂除金の金額の問題というより、伊奈奉行が、住民の訴えを前例のない方式で実現してくれたことが大きな意味を持ったのである。住民は伊奈忠順という人物の、それまでに接した役人たちとは大きく違う誠実さに心打たれたのだと思われる」（前掲書）と筆踊らせて書いている。さらに伊奈は、酒匂川普請に従事する御厨地方からの出稼ぎ農民の人足賃の大幅アップも実現させた。

そんな伊奈忠順だが、晩年の経歴はにわかにぼやける。駿府にあった幕府の米蔵を開けさせ、一万三〇〇〇石の米を飢える民に分配したとの御厨地方に確かに残る「伝説」を確かめる術はない。

伊奈半左衛門忠順の死亡は、正徳二年（一七一二）二月二九日。届け出は病死である。しかし、当時は「お家存続」のため、切腹などの場合でも「病死」と届けられることは珍しくなかったから、この届けをもって「幕府の米蔵を開けさせ、被害住民に米を配った」との「伊奈伝説」を完全否定することはできない。「あるいは過労死だったのでは」との見方もある。

神話や伝説の英雄をめぐる物語にはいつの場合も、民衆の夢が託されている。「こんな人物がいてくれないものか」「理想の役人が現れ、われわれの窮状を救ってくれないか」といった夢、救世主願望が……。御厨地方の農民らは、被災地を自らの足で歩き、農民に語り掛け、励ます、力強さ溢れる伊奈半左衛門の背に、「あるべき役人の姿」「英雄」を見たのではなかろうか。忠順の死後、その遺徳を偲んで須走村に伊奈神社が建立され、忠順の銅像も建つ。像は高さ約一八〇センチで、富士を右手に見ながら須走村の方向を向いて立つ。忠順が、須走村の復興を指示している姿といわれる。

伊奈神社では、四月二九日に春季例大祭、一一月三日に秋季例祭が行われ、忠順の遺徳を偲ぶ。また、水神社（同町吉久保）の祭神も忠順と水神のふたつ。四月一〇日が例祭である。

地元の子供たちの心にも忠順の遺徳はしっかりと根付いているという。小山町教育委員会生涯学習課課長補佐の金子節郎は「忠順の顕彰については小山町、御殿場市の副読本に掲載されており、地元の子供たちは皆知っている偉人です。特に御殿場市立高根小学校では毎年、文化祭において忠順の演劇を行っています。忠順を忘れることは、決してありません。不忘の人です」という。

静岡県小山町の伊奈神社に建つ伊奈忠順の像
右手に富士を見、復興を指示している姿といわれる。

伊奈家の陣屋があった埼玉県川口市でも、「新井宿駅と地域まちづくり協議会」を中心に、伊奈家の顕彰活動が盛んだ。富士山麓の御厨地方と違うのは、忠順だけでなく一族全体の顕彰になっていることだろう。

初代の伊奈備前守忠次（一五五〇〜一六一〇）は三河（現・愛知県）の生まれ。徳川家康に仕え、天正一〇年（一五八二）六月の、家康の命からがらの「伊賀越え、三河帰還」に行を共にしている。そして家康の関東・江戸入府に付き従い、「関東代官頭」に任ぜられた。関八州の幕府直轄領三〇万石を管轄する要職である。「堤川除等のことに厚く意を用ふへき」との家康からの命を重く受けとめ、三代六〇年の奮闘で、関東平野の無数の河川を集約、利根川本流の流路を変更（東遷）、荒川を西遷させ、洪水常習地で不毛の地だった関東平野を一大穀倉地帯に変えた。「関八州は初代・忠次によって富む」と称えられる。彼は終生、撫民に意を用いたという。

同協議会の歴史部長大戸昭広は、「忠順も、国の基は民にあり、民を守り富ますことが自家の使命だとする初代の教えを固く守ったのだと思う」としたうえで、忠順の戒名「嶺頂院殿松誉泰運哲翁大居士」に注目する。「嶺頂は富士の頂。泰運は安らかな運気、哲翁は賢者の意で、忠順という人は思慮深く、優しく穏やかな人だったと思う。富士の降砂の被災地を巡検してショックを受けた彼は、被災民を見捨てることのできない性格だったのではないか」というのである。

『怒る富士』で新田は忠順に、「支配地の民を生かすために代官が死なねばならないこともあります。支配地の民を犠牲にして代官が生き延びようとするのは、代官として末世までの恥と心得ております」と語らせている。

5　磯子村近辺では……

私たちの武州久良岐郡磯子村一帯では、富士噴火の影響はどんなだったのか。膨大な文書が残る磯子村の堤家文書だが、残念ながら富士山宝永噴火に関するものは残されていない。しかし、磯子村の近村の久良岐郡最戸村（現・横浜市港南区）には、この噴火についての古文書が複数、残る（笠原市郎家文書）。

例えば、宝永五年（一七〇八）閏正月の「砂御見分帳」の「最戸村書上覚」。差出人は村人の市郎左衛門と伊右衛門、宛先は鈴木三郎兵衛様御手代斎藤惣助殿と西与市左衛門様御手代高橋仲右衛門殿。

なお、最戸村は高一五三石、田畑面積二三町九反余。降砂は二〇センチ余だった。

一　畑方壱町四反歩　只今迄砂除申候分

此人足六百三拾人　壱反ニ四拾五人掛り

右之通女童等迠罷出、漸々砂鑿埋メ申候

以上

つまり、畑一町四反の畑の砂を除去するのに、女、子供までも含む総動員体制で、延べ六三〇人が出て作業に当たったというのだ。ここには記されていないが、昼夜、必死に取り組んで、除去に二カ月を要したという。

そのうえで、

一　二拾五人、馬五疋に扶食、飼料がなく、飢える者が出ている。

一　七拾八人と馬壱疋はその日暮らしで蓄えがなく、砂除に参加できない。父母・妻子・馬ともに飢えている。

と報告、「御扶食・飼料下され候様、願い奉り候」と扶食・飼料の下賜を願い出ている。そして最後に、「村中ニ而救可申程之力も無御座迷惑仕候、御料簡之上砂取除候様ニ奉願候」と訴える。「村には、飢える村人を救う力はない。どうか公儀の力で砂除けを行ってほしい」という悲痛な訴えである。

恐らく磯子村の場合も、ほぼ同様の受難・受苦であったろう。

6　富士山は噴火スタンバイ状態

京大名誉教授の鎌田浩毅によれば、富士山は今や「噴火のスタンバイ状態」だという。二〇一一年三月一一日の東日本大震災は日本列島を大きく揺すり、日本にある一一一の活火山の内、富士山を含む二一の火山が地中のマグマを揺すられ、「噴火のスタンバイ状態」になったというのだ。

いま、もし富士山が噴火、火山灰が噴き出せば――。灰は偏西風に乗って、首都圏を覆い、首都機能をマヒさせかねない。コンピューターのすきまに灰（実態はガラスの細かいカケラ）が入り込み、誤作動を起こす。現代文明はコンピューターに全面依存しており、鉄道、電気、ガス、水道などが、運行、供給が不可能となろう。

溶岩流が東側に流れたら――。東名、第二東名、新幹線などの大動脈が寸断され、国難ともいえる危機となろう。

幸い、火山噴火はかなり高い精度で事前予測が可能だという。どこまで事前の備えや訓練ができるかが勝負である。

災害は時に、村人を団結させる。皆が力を合わせることなしには、生きるか死ぬかの非常事態は乗り越えられないからだ。富士山大噴火でも、村人総出の必死の作業で、村々は甦った。磯子村の場合も先人のそんな労苦のうえに、次章以降で取り上げる「平穏・平和の時代」、「花の江戸時代」が花開くのである。

コラム　砂除けの手順

イラストにあるように、降灰畑の復旧手順は、①まず、火山灰を掘り抜いた溝を掘る。②溝を火山灰で埋めて旧耕作土を出す。③旧耕作土をさらに掘り下げ、火山灰の上に乗せる。④以上の②③の作業を延々と繰り返して畑を復旧する――となる。田の場合はこの方法は取れない。別の場所に火山灰の捨て場を確保、そこまで運ぶしかないのだが、捨て場は簡単には見つからない。捨て場所をめぐり、村境で紛争も起きている。

壱 まず火山灰を掘りぬいた溝を掘る

①

弐 溝を火山灰で埋めて旧耕作土を出す

②

どしゃくずれ
←こういった悲惨な事態にならぬように、
隣の溝との間にベルト状に土手を残し
ておくことが大切。
旧耕作土をさらに掘り下げ火山灰の上に乗せる

③

弐・参の作業を延々繰り返して畑を復旧

④

「天地返し」のやり方
髙城峻氏提供

第二章　磯子村のくらし

――協働と共助、そしてやさしさ

1　村のかたち

磯子村（現・神奈川県横浜市磯子区）の三代三人を主人公にした物語を始めたい。最初の主人公は太郎兵衛。安永六年（一七七七）、三六歳で、磯子村の中堅どころの百姓だ。身長五尺二寸（約一五八センチ）、体重一五貫（五六キロ）。野良仕事で顔も腕も、すっかり日焼けした陽気な働き者である。細部に拘らないおおらかな自由人で、村人の信頼も厚いが、唯一の欠点（?）が酒好きなこと。濁り酒をなめるように呑み、ときに酒の上の失敗もする。

磯子村についても、少し説明しておきたい。まず『新編武蔵風土記稿』（文化・文政期、昌平坂学問所地理局編纂）で「村の姿、形」、「位置関係」などをみておこう。

江戸まで海路一〇里（約三九キロ）、東海道保土ケ谷宿（現・横浜市保土ケ谷区）から南一里九丁（約四・九キロ）に位置し、家数八五。東は滝頭村、西は上大岡村、南は森公田村、北は岡村に接する（現・横浜市磯子区磯子一丁目―八丁目、磯子台、久木町、仲浜町ほかあたり）。

そして南に小名、堺堀、鴇打、間坂など、東に室木、西に峰、城割、馬渡りなど、北に腰越の部落が点在する。

西南は山で、山頂には地頭林や秣場などがある。辰の方（東南）には、江戸湾の海・磯子浜が広がる。

旗本星合氏、小濱氏を領主とする相給村である。相給村とは複数の旗本などが一村を知行する村のことで、旗本が二人なら二給（村）、三人なら三給（村）と呼ばれる。

さらに、安永六年（一七七七）の「武州久良岐郡磯子村明細牒」（堤家文書一―二二九）で、田畑の広さ、作物の状況、家数などの「村況（村のかたち、状況）」をみると――。

一　高（磯子村の総高の意）三百十二石一斗八升一合
　内百十二石二斗一升一合　小濱銀蔵様御知行
　又百九十九石九斗七升　星合斎宮様御知行
一　上田四町一畝七歩半　反に五斗三升五合六勺
一　中田四町二反六畝二十五歩半　反に五斗二升三合三勺
一　下田四町一畝二十六歩
　田高合わせて十二町二反九畝二十九歩
一　上畑二町二反八畝十五歩　反に永百五十文取

一　中畑二町九反十歩　　　　　　　　　　反に永百三十文取
一　下畑六町六反三畝十七歩　　　　　　反に永八十五文取
一　屋鋪六反四畝十三歩　　　　　　　　反に永百七十文取
一　家数およそ八〇軒余り
一　当村、天水場にて御座候　用水少々ずつ山水引き申し候
一　百姓、平生、麦、稗、粟の類扶食仕り候、着用ものは木綿・麻布等着用仕り候
一　蚕一切御座無く候、たばこ少々ずつ遣い用い程ずつ出作仕り候

因《ちな》みに、一八、一九世紀、全国で見た平均的な村は、村高四〇〇〜五〇〇石、耕地面積五〇町、人口四〇〇人くらい。磯子村は「平均を下回る、小ぶりの村」ということになろうか。

なお、畑の個所で出てくる「永」とは永楽銭の略で、畑年貢などで用いられた銭貨の名目的呼称。永一〇〇〇文が一両である。また、田、畑とも収穫量などで「上、中、下」にランク分けされている。

2　太郎兵衛、大いに語る

さて、さっそく磯子村の住人・太郎兵衛との「架空対談」を試みようと思う。

――太郎兵衛さん、本日はよろしくお願いいたします。今から二百数十年前の江戸期の磯子村は、どんなだったのか、村人はどう支え合い、助け合っていたか、田植えなどの労働はどんな具合で進められたか、そしてなにより、村人は幸せだったのかどうか。そんなことをじっくりお聞かせいただいて、二一世紀を生きる私たちの生活を見直すヒントにさせていただきたいと考えています。

ではまず、太郎兵衛さんの家族についてお話しください。

太郎兵衛　はい、相分かりました。お話しさせていただきます。私の母・ぎん（五五歳）は、このところ少し足腰が弱ってきましたが、まだまだ元気。三年前に夫に先立たれました。そんなご先祖さまをお迎えするのが先祖祭のお盆。この時、武州、相州の多くの村々では、門口に砂盛りをつくります。砂盛りは縦横およそ一尺三、四寸（注・

約四〇センチ)、高さ一尺(同・三〇センチ)位に砂や土を盛り固めたものです。そこにキュウリやナスで作った馬、牛を供え、その傍らで迎え火を焚きます。仏壇と別に、盆棚をつくる家もあります。床の間や座敷の一隅に、四斗樽二つを置いて戸板を渡し、ゴザを敷いてつくるのが盆棚です。棚の左右には竹を立て、縄を張りめぐらします。門口でご先祖さまをお迎えした後は、供え物の牛馬を家の中に入れ、盆棚にまつります。そして仏壇からご先祖さまの位牌を移します。

母・ぎんは、位牌の前で熱心にお祈りをします。口をもぐもぐさせているのは、あるいは還って来た夫と会話しているのかもしれませんな。「家族を見守ってください」と言っているのか、それとも「私を早く呼んでください」と頼んでいるのか……。

お盆の終わりは、送り火。迎え火と同様、砂盛りの傍らで火を焚いて御先祖さまをお送りし、お供え物は川に流します。位牌も仏壇に戻ることになります。

母は信心篤く、孫たちにいつも「キツネもタヌキも人間も、仏様の前では皆、同じ」と諭しています。これはとても大切な考え方だと私も思います。仏さまと自然の大きなふところに抱かれ、私たちとキツネやタヌキとは仲間、兄弟だ。そう考えれば、威張るとか、下に見るとかいった気持ちは起こらないはずです。そこから、周囲に対するやさしさが生まれる。村人は皆、やさしいですよ。家族や近隣の者へのやさしさ、思いやりがなくては、田仕事は成り立ちませんから。なお、わが家の旦那寺は金蔵院です。

妻・はるは九年前に、近くの滝頭村から嫁いできました。いま、三一歳。明るい性格の働きものです。少し気が強いのか、私が酒の呑み過ぎで失敗すると、容赦なく叱声を浴びせてきます。実父も酒呑で、その点だけは実父を尊敬できなかったと言っていますな。私は、妻には頭が上がりません。

子供は二人。長男・松之助（八歳）と長女・しの（六歳）。長男の松之助には、そろそろ野良仕事についても教えなくては、と思っています。長男、長女は時々、近所のご隠居さんから、手習いの手ほどきを受けています。これからの時代はますます、読み書きが大切になっていくでしょうから……。

――ありがとうございました。村の仕事では、田植えが大変だとお聞きしていますが……。

太郎兵衛　田植えは一家総出の戦場。まず、母・ぎんが、夜明け前に起き出し、火を起こします。二人の子供、長男・松之助、長女・しのも苗を田まで運ぶ手伝いをする。一家総出の労働です。二人の子どもが田に運ぶ苗は、事前にもろもろ、下準備されたものです。三月下旬にまず種籾を池に浸ける。これは発芽を促すのが狙いです。田植え予定日から逆算して、五三日前までに行います。三週間ほどの浸種の後、日に干して苗代への種蒔き。そうした事前処理を終えた苗を、田植え当日の早朝、子供らが田へ運び、そして、本番です。

朝の光が田に射すのを待ちかねるようにして私が田に入り、前日に掻《か》き均した田を鍬で再び均します。その後、妻・はなに、応援の近所の者が加わって計四人で、横一列に並んで苗を手で植えていく。他日、応援を頼んだ家には、私たち一家が、お返しの応援に行きます。田植えは、労働力を集中させ、短期間に一気にやらなくてはならない。それには近所で協力しあい、労働力を相互に提供することで乗り切るしかない。これは昔からの、百姓の知恵です。

田植えは早稲から始め、植えた傍へ低木の若葉を柴肥として入れる。腰を曲げて休みなく植え続けるのは見た目以上の重労働です。股引のすき間から侵入した蛭が、足の血を容赦なく吸うし、田植笠である菅笠をかぶっていても、照りつける五月の陽光は肌を射す。たちまち全身が汗びっしょりとなり、その汗を拭いた首の木綿の手ぬぐいまでが重く感じられるほどです。そして昼食時のわずかの休息の後、午後の作業が始まる。均し作業を終えた私も田植えの列に加わります。

「大変だが、頑張ろう」

「大丈夫です」

妻と私は、そんな励まし合いで、午後の日差しをかわしています。

――本当に大変ですね。旧暦の五月は、現在の私たちの暦では五月下旬から七月上旬にあたりますから、暑さも半端ではないでしょう。

太郎兵衛　それでも、田植え初日の「早開き《さびら》」の日は、洗った苗二把とお神酒を供えて、早めに仕事を終えます。

田植えは数日続き、自分の田が終われば、今度は応援を仰いだ近所の人の田での、お返しの田植え。日の出とともに始まり、夜のとばりが降りて手もとが暗くなるまで、腰を曲げ、汗と泥にまみれる重労働が続くことになります。

もっとも、楽しみもありますよ。この田植えの時は米の飯が食べられる。米の食事はこの田植え時の他、正月、五節句、盆、神事などハレの日に限られる。普段の食事は、米と麦、稗や粟などの雑穀を混ぜて炊いた「かてめし」や、粥、雑炊です。副食は自家製の野菜です。

男も女も星を戴いて家路につきます。男は夕食がすめば寝るだけですが、女衆には翌日の食事のだんどりがある。しばしば九ツ時（午前零時）近くまでかかってしまう。「少しまどろむと思へば、短夜程なく起る頃に至る」というのが、田植え時の女衆の日常です。ですから女姓の地位は決して低くはありません。農家における労働は、男も女も違いがないからです。

夫から妻への離縁状には「何方ニ縁組仕候共私方に二心無依之離別一札如件」の文言が書き込まれるのが普通です。「後日、いずかたに縁組してもこちらからいうことは何もない」という誓約の文言です。さらに、離婚に当たって、夫側から金を渡しているケースもある。(注)近所の彦兵衛のところの嫁も、ぐうたらの夫・彦兵衛に愛想をつかし、さっさと出ていきましたな。


注…村人の結婚で、妻の出産年齢の上限（四五歳から五〇歳）まで、結婚の継続した「完結家族」は半数に満たない。もっともこれは死亡した者も含めての数字で、速水融によれば、結婚後、五年以内の離婚が多いという。

わが家の田は四反(注)。家族総出の田植え、そして刈り取りの結果、ざっと六、七石の収穫となります。四斗(注)入りで一六俵余。年貢は七俵ほどで、手元に九俵ほどが残る計算です。米の他、麦、稗、粟もつくっています。ナス、キュウリなどの野菜類はほとんど自家用。贅沢などはできませんよ。急の出費などで家計が厳しくなった時は、農間稼ぎをするか、倹約に努めるかしかありません。
　村全体で星合様に納める年貢は、八五石ほど。内訳は田方が六八石で一六九俵三斗九升三合、畑方が一七石で、金額にすると七八両だと、村役人から説明を受けています。

注…一反は三〇〇坪、約九九一・七平方メートル。一斗は一〇升、一八・〇三九リットル

太郎兵衛　逆に尋ねたいのだが、あなたたちの田植えはどんなですかな。

――分かりました。横浜市港南区野庭町の農業・臼居一郎さん（八五歳）に、昭和二〇年代（一九四五～）の田植えについて語ってもらいます。

〈臼居一郎の語り〉

田植え初日は、農家にとって正月・元旦。昭和三〇年（一九五五）ごろまで、早朝に、ゆい(注)の仲間数人と日本酒を酌み交わし、気合を入れてから田に向かった。出陣の気分だね。豊作への期待もあるが、同時に不安もある。台風や日照りは、人間の力ではどうにもならない。だから、田の隅に小さな松の木を植え、豊作を願う神事も欠かさなかった。

私が恐らく、手植え作業を知る最後の世代だろう。近所の五軒の農家が労働力を出し合い、昭和三〇年ごろまで、手植えでやった。五日ほどかかったな。とにかく腰が痛かった。子供はひもをつけて田のわきに置いた缶を引っ張ってガラガラと音を出し、スズメを追い払うのが役目だった。

昭和三〇年を過ぎたころからぼつぼつ、田植え機、稲刈り機などが入り出した。機械でやると、以前五日前後かかった作業が一日で終わる。あっけないほどだった。しかしその機械の導入と同時に、ゆいも、田の隅に小さな松の木を植えて豊作を祈願する神事も、あっさり消えてしまった。寂しいネー。田植え機はいま約四〇万円、稲刈り機は約二〇〇万円する。

野庭地区にも昭和四〇年代（一九六五～）から大型団地の造成が始まり、いま地区に残る農家は四軒だけ。それでも手植えの田植え、鎌での稲刈りを残したい。いま、ボランティアグループと話を始めている。

注…「ゆい」とは、農作業などで、互いに労力を提供して助け合うこと。その仲間。

――太郎兵衛さん。少し長くなりましたので、ここで休憩としましょう。

太郎兵衛　ちょっと疲れたね。喉が渇いたので、濁り酒を一口……。女房殿には内緒ですぞ。

3　俺が殿様だ

――話を再開いたしましょう。

太郎兵衛　田植えが大変だ、大変だの話になってしまいましたが、これはひと時のこと。

田植えがすめば、雑草取りなどの仕事があるものの、仕事の段取りは自分で決められます。眠たくなったら木陰で、こころゆくまで昼寝もできる。近所の安兵衛などは「働きたいときに働き、寝たいときに寝る。決めるのは自分だ。これ以上の安楽はどこにあるか。俺が殿様だ」と豪語していますよ。私も同感ですネ。年貢さえ納めれば、あとは気まま。「あなたは幸せか」と問われれば、「幸せだ」と答えます。村には武士はいないし、むやみと頭を下げなくてはならないこともない。

田植えの前のお花見も、心躍る行事ですよ。野や山に、弁当、お酒持参で、家族や仲間と出かけて花をめでる。山の神さま、田の神さまも同席してくださる。ぜひ、お分かりいただきたいのですが、花見は物見遊山ではありません。豊作を願っての祝祭、神事です。

――お話しをうかがって、少しホッとしました。

太郎兵衛　富士山の噴火で辛酸をなめたご先祖様にくらべれば、村はいま、うそのように平穏。ありていに言えば退屈。そんなとき、村に婚礼があると、大騒ぎとなります。今年も田植えが終わって間もなく、村はずれの弥七（二一歳）が矢部野村から嫁をもらった。一八歳で「丈夫で働き者」という触れ込みで、細身で少し気の弱い弥七とは、案外、いい組み合わせかもしれませんヨ。隣のおしゃべりばあさんが、「嫁入り道具は、櫛箱、針物道具、夜着布団、敷布団。それに島単物、島袷もあった。立派なもの」とすべてを見てきたように言っていましたが……。

嫁が来ると村は陽が差したように明るくなります。若者たちは「野良仕事をしている姿を遠くから見るだけでも楽しい」と言っています。「今度の嫁はしっかり者か、緩いか」「愛嬌があるか、むっつりか」など、評定と噂の交換で、数日、退屈をかわせます。

——災害除けの行事について、教えていただけますか。

太郎兵衛　まず、風祭。秋の台風の時期に、作物を風害から守るための祈りの祭です。稲の穂ばらみのこの時期、「風よ吹くな、稲穂を倒すな」は村人の心の底からの願いで、村人は近くのお堂などにこもり、集団で祈願します。皆の思い、祈りを束ねることで風害を追い払う。その時、村人のこころもひとつになります。家では団子をつくって神棚に供える。団子には、「風穴を塞ぐ」という意味合いがあるといいます。風を切るまじないとして、軒先や棒の先に鎌を掲げるところもあります。そして、二百十日の当日は、「百姓の花見」。田へ酒を持って行き、あるいは自宅で祝い酒をして農作業を休む。もちろん、風害がない場合のことですが……。

日照りが続いたとき、踊りを奉納、火を焚くなどして雨が降ることを祈るのが「雨乞い」です。近辺の村々では、相州（現・神奈川県）大山に出かけ、山頂の滝から「お水」を戴いてくる雨乞い儀式が行われています。若者衆が引き継ぎながら「お水」を運ぶのですが、大山は、高い山（注・一二五二メートル）。早朝に出発、大急ぎで帰村しなくてはなりません。途中で「お水」をこぼしてはいけないし、立ち止まることも許されない。立ち止まると、そこに雨を降らせてしまうからです。壮健な若者でも、これは難行です。

上毛（現・群馬県）の榛名山・榛名神社に代表（代参）を送る村もあります。この神社の「万年の泉」の御神水をもらい、帰って田畑に撒くと霊験あらたかといわれています。そのほか、松明を灯し、害虫を結び付けた人形を捨てて、害虫を追い払う「虫送り」も、七、八月ごろの大切な村行事です。

そうそう、こんなこともありました。若者たちが、「今年の雨乞いはまだか」と名主らに催促に来たというんです。雨乞い祭りになれば野良仕事は休み、加えて酒も呑める――が本音でしょうが、それで若者の絆が強まるなら、一概に悪いともいえません。

――今は秋かと思いますが、村の秋の風情はどうですか。

太郎兵衛　私は、小高い場所ならどこからでも、四季折々の富士山の雄姿を望める、豊かな自然に包まれたこの村の暮らし、いまの暮らしに満足しています。幸せな暮らしといっていいでしょう。もっとも、貧乏旗本の星合の殿からの再三の無心に、村役人たちは、ほとほと、弱っているようですが……。

秋になると雁の一群が、見事な整列で夕焼け空の中を飛んでいきます。見る分には美しいけれど、これは実はやっかいもの。田に降り、一夜のうちに稲を食い尽くすこともあります。

時に鶴もきます。六郷筋（現・神奈川県川崎市）の御拳場《おこぶしば》(注1)あたりから飛んでくるのかな。ゆっくりと、そう、ゆったりと秋空に翼を広げる姿には、思わず見入ってしまいます。いつのころだったか、朝鮮からの使い(注2)が来たとき、お上が鶴を高い値段で買い取った、と聞きました。鶴は珍味で、最上の御馳走になるとのこと。買い取りの値段？　忘れましたが、「随分、高い」と思った記憶があります。
この辺りでは聞かれないのですが、荏田（現・横浜市青葉区、都筑区）のあたりでは、夜にオオカミの遠吠を聞くそうです。犬を襲うといって嫌う村人もいますが、百姓は「田を荒らすイノシシをやっつけてくれる」とオオカミを歓迎しているそうです。
母・ぎんが言うように、生き物とも仲良く、もちろん、家族とも仲良く、が私の信条。そしてどうか、富士山大噴火のような災厄が、村を襲いませぬように。これは仏様にお祈りし、お願いするしかありません。

――最後に村人の助け合いについてお聞かせください。

太郎兵衛　助け合わなくては、小さな村は成り立ちません。働き手が病に倒れた時などは、近所の者、五人組、親類などが駆け付け、代わって農作業をします。年貢は村請だから、誰かが抜けるとその負担が村にかかってくる。それもありますが、それだけじゃない。村人には、困った者に手を差し伸べるやさしさがあると思いますね。
それでも没落する家がある。そんな時、村は働く場を用意します。村の使い走りなどの仕事を与え、給金を払う。川べりの村では、渡し船の船頭などもそうです。

それから、村の金持ちに対し、「貧しい者の面倒をみるべきだ」という空気を、村人の間でつくり上げていく。そんな村の空気を無視しては、金持ちは尊敬されない。

――富者が貧者に手を差し伸べる。素晴らしい考えですね。感動いたしました。本日は本当にありがとうございました。

注1…「御拳場」とは、将軍のための鷹場で、その範囲は江戸城の五里四方（約二〇キロ）だった。六郷筋、目黒筋など六筋に分けられ、六郷筋には現在の川崎市（一部横浜市）も含まれた。

注2…朝鮮通信使のこと。朝鮮王国が日本に派遣した外交使節団で、将軍の代替わりなどに来日した。太郎兵衛の時代では、宝暦一四年（一七六四）に、第一一回の使節団が来日している。

4　対話を終えて

太郎兵衛との対話を聞きながら、私は、脈絡もなく、作家・藤沢周平の言葉を思い出していた。都内の川べりの、慎ましい構えのお宅に伺った折にお聞きした話である。

「作家なんか、少しも偉くありません。日の出とともに野良に出て土を耕し、日没とともに家路へ向かう農民こそ偉大なのです」

無名の民の、一見平凡にみえる日常の営みこそがこの社会を支えている。藤沢の言葉は、「自足して、自在に生きる太郎兵衛へのオマージュ」のように聞こえる。

さて、対話の中で太郎兵衛が披瀝した「富者が貧者を支える」という思想とシステムについて、少し補足したい。渡辺尚志は「富裕者は持てる財産を貧しい村人のために使い、それによって村での尊敬を受けることができました。逆に私的欲望のためだけに蓄財する者は、厳しく非難されたのです」（『近世百姓の底力』）と書いている。渡辺によれば、富裕者が他村から借金してまで、村人の窮地を救うケースも少なくなかったという。

例えば——。渡辺は、天保八年（一八三七）の信濃国諏訪郡乙事村（現・長野県富士見町）のケースを挙げる。この年、村は不作で、村人たちは年貢や生活費にも事欠いた。普段は村の富裕な百姓や村役人から借りるのだが、彼らの富にも限度がある。他村の富裕者から借りようにも一般の村人では信用がなく、頼んでも貸してもらえるかどうか。そこで名主ら六人の村役人が連名で、他村から六〇両を借り、村人たちに又貸しした。本当に金が必要だったのは村人たちだったというのだ。
渡辺は、さらにこう書く。

（村人の）借金生活が決定的な破綻に至らなかったのは、貸し手の側が借り手の生活に配慮していたからです。返済困難な借り手に対しては、返済期限の延長や利子の減免などの配慮がなされました。こうした貸借ルールが、江戸時代の常識だったのです。貸借は、人情の絆で結ばれていました（前掲書）。

渡辺はこう続ける。

今日では弱肉強食の経済ルールが横行し、その矛盾と問題点が露呈しつつあります。未来に向けて人びとを幸福にする経済環境をつくりあげていくためには、江戸時代の経済ルールがもっと見直されてもよいのではないでしょうか（前掲書）。

村のセーフティネットの代表例のひとつが「講」、もうひとつが「社倉」である。「講」は民衆一人一人が少額の金子を出し合い、最も困窮している者がこれを借り受けて、後日、利子を付けて返済する仕組だ。当初は仏典講究の学問僧による研究集会を指したが、平安時代に世俗化、民衆を巻き込んだ法華八講の流行になっていく。中世以降、信仰上の動機だけでなく、経済上、社会上の理由からも講が生まれ、金銭物品を相互融通する頼母子講・無尽講がつくられ、職人たちは大工、左官の太子講、木地師の親王講などを誕生させる。さらに近世に入ると、聖地巡礼や社寺参詣が盛んとなり、頼母子講式に旅費を積み立て、代表を順番に送り出す善光寺講、成田講、三峯講、大山講、伊勢講や、富士山や木曾御嶽など霊山を目指す山岳講が盛んとなった。また、都市の商工業者による株仲間が結成する講も多彩な機能を発揮した。

近世以後も、昭和二年（一九二七）の金融恐慌・昭和恐慌時に、頼母子講は大きな力を発揮している。

もう一つの「社倉」は、非常時に備えての米、麦などの貯蔵庫で、義倉、常平倉と並び三倉と呼ばれた。義倉、常平倉の二つは古代にもみられたが、社倉は、近世に登場する。社倉は中国の農村で隋代に始まり、日本にも伝わった。「多数の者が任意にそれぞれ身分相応に出し合って、各居村処々に貯穀をなし、自治的に処理される備荒儲蓄である」（本庄栄治郎『常平倉の研究』、清文堂出版）。米、麦、粟、稗などを貯蔵した。会津藩（福島）、永島藩（伊勢）、新発田藩（越後）、田原藩（三河）、徳島藩などでの設置が代表例だ。社倉は「義倉に比べ、自治的」といわれるが、藩主導型のものもあった。

磯子村の隣村の森公田村の斎藤家文書には「社倉積立金」（明治四年、斎藤家文書・凶災、救恤・冊2）の文書が残っており、当時の社倉の姿を知ることができる。神奈川県が村々に呼び掛けた形だが、県の拠出はない。

古文書一九会ならびに火曜古文書会会員の榊原直孝の読み解きによれば、次のような仕組みになっていた。

森公田村における「社倉積立金」の調達財源は、村人全員負担の「高割金」及び「人別金」と、富裕者寄進の「身元金」からなる。一年分の積立金だ。

「高割金」は村高一〇〇石に付き年間二両で、同村の村高は二八三・一五八石だから、計算式は「村高二八三・一五八（石）×一〇〇分の二両」で、高割金合計は年間金五・六六両。これは全員が持ち高に応じ負担する。

「身元金」は村の富裕層が負担する。大須賀弥七が年間四両、浜田与兵衛二両、清右衛門二両で合計金八両。「富裕者の負担と責任」の思想が読み取れ、興味深い。

「人別金」は、生産人口一人一日当たり銭二文だから、生産人口二三二人の同村の場合、「二三二人×銭二文×三六〇日（一年）」で、鐚銭《びたせん》一七四貫文（九六計算）。両に直すと、一年で金一三・九二両となる。

この三つを合わせると一年で約金二七・五八両となり、非常時に村人に一人一日につき米三合を配るとすると、八日間ほど凌げる計算となる。二年目以降は身元金八両がなくなるが、災害などがなく、五年貯めれば、ざっと一ヵ月は凌げるはずだ。


磯子村についても、斎藤家文書に積立金の記載がある。それによれば――。

高割金が金六・四八両、身元金が金六両、人別銭が銭一二三四貫文で、両に直すと金一八・七二両。三つの合計が約金三一・二両（年間）で、非常時を凌げる日数は森公田村と、ほぼ同様とみられる。


さて、では二一世紀の日本の、労働者を取り巻く環境は――。

総務省調査では全雇用者のうちの約四割、二一〇〇万人余が非正規雇用者だという。そして派遣労働者は約九五六万六〇〇〇人。彼ら、彼女らは、同じ派遣先で三年以上は働けない。

コンピューター社会から突き付けられた新たな難問もある。生成ＡＩ（人工知能）は、人間を手助けし、未来社会を切り開く天使となるか、それとも人知を超え、人間をも支配する悪魔となるのか。その行方はまだ見通せないが、何の手立てもなければ、文化、芸術分野などで、人間の仕事が奪われかねない事態が進行するのは確かであろう。

二〇二三年八月二一日付けの朝日新聞朝刊に、こんな記事が載った。

「AI（人工知能）でもできる仕事だから」という理由で、フリーランスのライターの報酬が、これまで一字あたり二円だったのが、一円に値下げされた」。

いま私たちは、江戸時代に勝るセーフティネットで守られているのだろうか。

コラム　除災祈願と村の休日

太郎兵衛が対話で縷々《るる》語った風祭、雨乞いなどの除災祈願について、近年、論考、研究が大きく進み、興味深い成果を挙げている。

「日和見王」という言葉に強く惹かれた。この人を惹きつけてやまない言葉を用い、除災祈願について論じたのが民俗学者の宮田登だ。宮田は天候を読み取り、農耕儀礼を司る機能を「日和見」と規定、日和見機能は地域秩序を図る重要なものとみる。そして地域社会において、日和見の機能を持つ存在を「日和見王」と名づけた。「名主は日和見王の系譜を引く存在」として、宮田はこう書く。

かつて小王権が各地に散在していた折に、それは日和見＝日知りの性格を大きな属性としていたとみられる。日和見を行う王権の存在は、地域社会の秩序維持に役立っていた……。

近世に「日和見」王権が顕在化したときには、すでにそれは断片化した形で、その実態はほとんど消滅してしまっていたが、「日和見」の能力は、村落内の一年神主や神化する頭屋の属性の中に温存されていたし、また近世の名主の引き継がれた家筋の中に、たえず「日和見」の社会機能を果たす志向が見出されていたのである。（『日和見　日本王権論の試み』）

「名主日記」が私たちのつける私日記と趣がちがっているのは、天候とか自然現象を村の作柄の出来、不出来に結びつけて記録して判断する、そういう機能を名主たちが果たしていたためと思われる。（前掲書）

また、除災祈願と休日をめぐるテーマでは、古川貞雄らが、雨乞い、虫送りなどの除災祈願が、近世後半に遊び化される過程で、祈願を行う主体の村、百姓の主体性、自立性が高まっていった、とみる。幕藩領主が厳しい遊び日統制を目指したのに対し、百姓側は、雨乞い、虫送り、風祭などの名目で、聖域・遊び日を増やしていったというのだ。

古川は次のように書いている（『増補村の遊び日　自治の源流を探る』）。

幕藩領主の禁令は、そのゆきつくところ、若者組・若者仲間の禁止・解散を命ずるにいたった。平日の遊び日化の瀰漫は、農業労働を基盤に保たれてきた村共同体秩序を揺るがし、村役人の統率機能を蚕食するから、村役人層にとっても座視できない事態であった。しかし、村の実態を熟知する村役人層は、領主権力の若者組禁止・解散令にほとんど同調せず、かえって若者組とその頭分の存置をみとめ、彼らの仲間議定による自制自律機能の強化に期待をかけた。若者組が熱望する祭礼興行に関しても、村自体が存亡の淵にたつような凶作飢饉や村財政の破綻に直面しないかぎりは、むしろその志向をかなえるべく陰に陽に領主権力に抵抗した。

次男以下の分家独立が難しくなり、希望を失った若者の怠惰が目立ちだす幕末期。それでも、若者の自制・自律機能にかける——。そこに自治の源流があるはず、と考えた大人の村人の、若者に注ぐ視線が温かい。

第三章——相給の村と自治

「相給」とは江戸時代、一つの村を複数の給人（領主）が分割知行していること。領主が三人・四人の場合、三給・四給ともいった。その村を相給地という。（広辞苑）

江戸時代中期の安永六年（一七七七）の秋、所は武州久良岐郡磯子村。澄み渡った秋空の下で野良仕事をしながら、村の百姓・太郎兵衛（三六歳）は考えた。

「俺は星合の殿様の顔を見たことがないなー」

通りかかった庄三郎に尋ねたら、「俺もだ」というそっけない返事が返ってきた。

これは当然の反応かもしれない。この時の殿は星合玄蕃。旗本である玄蕃には「江戸常住」が義務づけられており、知行地（領地）の磯子村に顔を出すことはまずない。旗本は「いざ、鎌倉」というとき、おっとり刀で主君のもとに駆け付ける親衛隊であるから、簡単に江戸屋敷を離れるわけにはいかないのだ。

このため旗本の知行地での支配は、どうしても緩くなる。年貢については触らせないが、それ以外の村の仕事は、大部分を村方三役に任せる。村普請、農作業の日程、祭りの日程、休日など村の維持運営は、村側、村方三役が仕切る。大名領と違って、一定の自治が許された旗本領の緩やかな空間。そんな村の空気は、働き者だが自由人でもある太郎兵衛には、心地よかったに違いない。

1　元禄の「地方直し」

少し時間を遡る元禄一〇年（一六九七）、幕府は「御蔵米地方《じかた》直令」を発令し、蔵前取りの旗本を、知行取りへと変更する方針を打ち出し、翌年から実施した。それまで、天領からの年貢収入で旗本の「給料」を払っていた「蔵米支給」を、知行地からの「知行取り」に切り替える大転換である。①年貢米を江戸に運搬して旗本に配分する手間と経費が省ける　②旗本側も「知行取りの方が格上」と歓迎したから　③領地を分散させることで、自然災害などの「危険の分散」を計った　④領主権を形骸化したいという、幕府の思惑があった――などが新方針の背景、狙いと説明されているが、はっきりした理由は分からない。なお、横浜市歴史博物館・前副館長井上攻によれば、関東一万一四六九村のうち、三三三九村（二九％）が相給村落で、三〇給の村まであった。

相給村を生み出していく過程がすさまじい。一つの村をいくつにも分け（分郷）、それぞれの旗本に割り当てる。いくつもの村の、分割された土地を組み合わせ、積み重ねて、旗本一人一人の知行地にする。それにより取れ高の違いなどによる不公平をなくそうとしたのだが、その結果、複数領主の相給村が大量に出現した。三給（三人の領主が治める）、四給（領主四人）は珍しくなく、九給の村まで生まれた。武蔵国都筑郡山田村（現・横浜市都筑区）も九給で、九人の領主の知行地となり、名主も七人誕生した。本来ならそれぞれの領主に対応する九人の名主が選ばれるはずだったが、分割されたうちの二つは「無民家持添」で、領民・村役人はいなかった。

「村分割」により、さまざまな「困った事態」が起こる。その一つが五人組問題。五人組とは江戸幕府が村々の百姓などに命じてつくらせた「五戸を一組とした隣保組織」で、盗賊やキリシタン宗徒の取締、婚姻、相続、賃借などの立ち合い、連印の義務、納税、犯罪の連帯責任などを負わせた。ところが分郷により、時として五人組も分割される。その結果、「領主が別でも構わない」として、近所の者同士をメンバーとする「郷五人組」と、組員の家が離れても構わないから同じ領主の村人を集める形の「支配関係を単位とした五人組」とが混在する村が現出した。

さらに重大な問題が立ち現れる。例えば九筆の土地を耕す百姓が、三人の領主を持ったとする。一人の領主が残る二人の領主を無視して、その百姓に恣意を押し付けることが出来るだろうか。おそらく不可能で、「多給地の村においては……土地は支配するが、農民を支配することなど考えることができないといった領主」（若林淳之『旗本領の研究』）が存在することになった。これでは、「封建社会は、領主が土地と百姓を支配して成立する」

という構図そのものが揺らぐ。「元禄の地方直し」は、大きな矛盾を抱えて出発した。

領主は複数でも、村の行事などは当然、一村合同で行われる。そのため、複数の名主、山田村の場合なら七人の名主が、村普請、祭りや休日などについて、何度も話し合いを重ねることとなる。煩雑この上ないが、予期せぬプラス面も生まれた。度重なる話し合いのなかで、領主を異にする百姓の間に、「話し合いで合意形成する」という自治の習慣が大きく前進したのだ。足尾銅山の反鉱害運動の指導者として知られる田中正造も「(相給村は)自治的好慣例」と高く評価している。

もうひとつの動きも始まった。たとえば磯子村は宝永七年(一七一〇)以来、星合氏と小濱氏の相給村だ。そして元禄の地方直しで、星合氏の知行地は磯子村の他、田中村、栗木村、矢部野村、峯村、恩田村、鴨居村、桂村と広がった。領主星合氏に物申すとしたら、これらの村々の間の情報交換、合意が不可欠である。江戸期の名主たちは筆まめで健脚である。せっせと書簡をかわし、相互訪問したに違いない。村と村の間の、ヨコの連合が出来上がる。「江戸型情報化社会、情報交換社会」の成立といってもいい。

2　庚申の夜

庚申待《こうしんまち》は中国の道教の伝説に基づく民間信仰である。人間の頭、足、腹には三尸《さんし》の虫がいて、庚申の夜、当の人間が寝ている間に、その虫が天に登って天帝に、その人間の日ごろの行動を報告。罪状によって寿命が縮められたり、死後、地獄・餓鬼・畜生の三悪道に堕とされたりする。だからこの夜は村人皆が集まり、集団での祈りのあと、酒を呑んだり、顔に胡椒をかけたりして、眠らずに過ごすというものである。

庚申の日は、六〇日に一回まわってくるが、この夜の過ごし方が、相給村の登場、それに伴う「江戸の情報化社会」の成立で大きく様変わりした。それまで、取り立ててテーマを持たなかったこの夜の話し合いが、はっきりと「情報交換の場」「意見交換の場」になったというのである。

時代を少し遡り、明和二年（一七六五）の磯子村の庚申待の会場を覗いてみよう。ニコニコ顔の太郎兵衛の姿もある。酒を呑んだのか、もう顔が赤い。

最初に、江戸から帰ったばかりの猟師・吉兵衛が報告する。

「江戸は相変わらず災害が多い。深川あたりで大水が出た。火事も相変わらずです」。以前に増上寺が焼け落ちた火事について、詳しく報告してくれたのもこの吉兵衛だ。

時代は下るが、外国情報までがこの庚申待で報告された。報告したのは幸八で、近村の岡村の知人から聞いた話だという。情報の出どころは岡村の領主・久世丹波守広民。長崎奉行もつとめ、幕臣きっての外国通の丹波守が、正月の宴席で名主に語り、たちまち、皆に広まった。

幸八がまるで、自分で見てきたように、自慢げに語る。

「オランダという国では、人々が金を出し合い、寄り合いようの組織で、さまざまな事業をしている。大きな船をつくる造船所もある」

「医術もすごい。メスという小刀ようのもので、腹の中の悪いところを切り取り、治してしまう」

夜が更け、語らいが佳境に入ったころ、助郷で保土ケ谷宿に行っていた村の若手の指導者格の善五郎が語り出した。

「星合の殿様の無心に、多くの村が弱り切っている。抗議の願書を出そうとしている村もあります」

こうした庚申の夜のさまを、郷土史研究家の葛城峻は、こう言う。

「これはもう、夜通し続く住民集会です」

3　二つの古文書

いま、手元に二つの古文書がある。一つは明和二年（一七六五）、磯子村の村人から領主に出された願書（惣百姓願書）、もう一つは弘化二年（一八四五）、上大岡村（現・横浜市港南区）の村人から領主に向けての「地頭暮方年間入用見積帳」。この二つを読み比べることで、村人の自治意識の変化、深化が読み取れる。幕末に向け、村の自治は大きく前進するのである。

一つ目、明和二年の願書から見ていこう。前述の庚申待から数日後、磯子村の高百姓が寄り合いを持ち、この年の年貢について話し合った。

古参の吉三郎が口火を切る。

「今年は不作。年貢が大変ですが、どうしたものでしょう」

すぐさま意見が出る。

「百姓は皆、これまでの再三の年貢先納に怒っている。当初は村内高割でかき集めていたが、高額の先納金は借金して領主に納めるしかない」

「先納金分は当然、次の年貢から差し引かれるはず。それがきちんとできていないので、いつまでたっても年貢皆済とならない」

「願書を領主に突き付けましょう」

しかし、「いつ、どんな形で」については、すぐには意見はまとまらない。村の寄り合いは、全員一致が大原則で、まとまるまで何回でも寄り合いが開かれる。

三回目となる寄り合い。吉三郎が言った。

「願書を出しましょう。そして全員で署名。願書は言い出しっぺの私が草します」

厳しい表情でそう語る吉三郎の横顔を、短くなった蠟燭の灯が照らしていた。

惣百姓願書には、「支配者である武士に対し、ひるむことなく自らの主張を貫こうとする村人のたくましさ」（古文書研究家・小松郁夫）が溢れている。

こうしてまとめられた明和二年（一七六五）酉一一月四日付けの「惣百姓願書（堤家文書一―一〇五）」の趣旨は、次のようなものである。


星合の殿が「困窮」というので、これまでに三度、年貢の先納をした。しかし、年貢皆済の手続きが取られておらず、いつになっても皆済とはならない。今年は不作で、村人の生活は苦しい。今までの先納金全額を、今年の年貢から差し引いていただきたい――。

そして武左衛門はじめ五九人の村人が順不同で署名、捺印した。名主の名は見えない。首謀者が誰かを特定させない、いわゆる「傘連判」の形式を取ったものと思われる。井上攻は「この時期にこれだけ、ものを言うことは処罰の対象になる恐れがあったろう。首謀者が分からないように差出人を惣百姓とし、連印も傘連判の形式を取ったのかもしれない」と推測する。そして「時代がもう少し下ると、領主―領民関係は、支配―被支配の関係でなく、一種の契約関係と理解されるようになる。契約に基づいて税を納め、契約が違えば異議を申し立てる。度重なる前納や理由の立たない御用金は、契約違反として異議を申し立てる。この願書は、そうした意識が完全に確立する少し前のものであろう」とみる。

この願書に対する返答は残っていない。

何故、旗本はかくも貧困化し、村人に再三、年貢先納を求めるようになったのか。井上攻は、以下のような、示唆に富む分析をする。

「宝暦期（一七五一〜）・天明期（一七八一〜）になると、都市も農村も商品経済・消費経済の大きな流れに巻き込まれ、金のかかる消費生活者となる。旗本財政は近世前期に比べ、格段に規模が大きくなっており、知行地からの年貢だけでは家政が成り立たず、蔵米取りに変更を願う旗本まで出てくる。さらに寛政期（一七八九〜）以降、海防の懸念から旗本の軍役負担が増大し、頻繁に発生した天災債務も加わり、旗本財政は完全に破綻する。その矛盾が領民に転嫁され、先納金や、さまざまな名目の御用金が村々に課せられるようになる」

「しかしそんな中から、旗本が置かれた窮状を理解し、もの言うだけでなく、旗本の家政、経営に参画しようという領民側の動きも出てくる。領主、領民が、自分たちの生活基盤である知行所（自治体）を協働で運営（地方行政の市民参加）していく体制も取られていく。当時も怪しい民間コンサルタントが用人とか用役という形で入り込み、かえって領民を苦しめていた。そんなコンサルタントより、自分たちが知行所の仕法（地方自治）に参加しようという流れが出てくる。幕末のそうした自治意識は、もっと注目され、評価されるべきだ」

では、二つ目、弘化二年（一八四五）の「地頭暮方年間入用見積帳」はどんな内容か。

驚くべきことに、上大岡村の村民は領主からの金子の無心に対し、「今回はご要求通りの金子を出しますが、これを機に殿様御一家の家計管理をさせていただきます」と宣言、次のような数字で生活するよう、と要求したのである。

弘化二年四月　　地頭暮方年間入用見積帳

毎月御渡方

殿様	金二両壱分
御隠居様	金三両
奥様	金壱両弐朱
大奥様	金壱両弐朱
妙安院様	金壱両弐朱
坂井様奥様	金壱分
愛三郎様	金壱分
定之助様	金壱分
於鉄様	金三朱
於倉様	金三朱

仙太郎様　　　　金三朱
〆金九両三分三朱
（後略）

この動きは紛れもなく、井上攻がいう「怪しげなコンサルタントに頼らず、もの言うだけでなく旗本の家政、経営に参画しようという領民側の動き」の実例である。二つの文書の間に流れた時間を思う。明和の百姓は勇を振るい「もの言う百姓」という運動形態の扉をこじ開けた。八〇年後の弘化の村人は、藩政への住民参加という新地平を切り開く。明治維新まであと、二〇余年。自治意識は確かに育っていた――。

4　田中正造と相給村

日本の公害（鉱害）の原点といわれる足尾鉱毒事件。生涯を通じ、被害農民に寄り添い、その先頭に立って足尾銅山の鉱害と戦ったのが田中正造である。その正造が、先にも触れたように相給村の村政運営を「自治的好慣例」と高く評価しているのだ。

正造は天保一二年（一八四一）、下野国小中村（現・栃木県佐野市）に生まれ、若くして村の名主となる。村は複数の領主が領地を分割して治める相給村で、領主の数だけ名主がいた。複数の名主の話し合いで、農作業の日程、村普請、休日などを決め、領主への請願や要求もまとめる。そこで自治の思想を身につけ、磨いていったというのだ。

正造自身の言葉を引こう。

「予は下野の百姓なり」で始まる「田中正造昔話」(『田中正造全集　第一巻』所収)の中で、正造は次のように語っている。

領内に於ける名主登用の法おのづから自治の態をなして因襲の久しき終に動かすべからざるの好慣例を形造れり(中略)

即ち名主は村内百姓の公選に依りて挙げられ、これに村内一切の公務を委ね且非常の権力を授けて、村費臨時費の徴収及び支払等悉く其意に一任し以て之れが決算報告をなさしむるに過ぎず、然れども一方に於て総代組頭等は年暮の決算報告会に其出納を検査監督して、一点の私曲を挾ましめざるの制なれば、此自治的好慣例を遵奉するに於ては、永く領内の平和を維持し得て或は格別の事もなくして止みたらむ(後略)

多くの人が「地方自治は敗戦後、GHQ(連合国最高司令官総司令部)から与えられたもの」と思っていないだろうか。地方自治の確かな原点が、江戸期の相給村にあったという事実は、私たちを勇気づけてくれる。

同様に、「代議制」についても、江戸期に確かな原点があったことを井上勝生『開国と幕末変革』で教えられた。

文政六年（一八二三）、摂津国（現・大阪府、兵庫県）と河内国（現・大阪府）二カ国、合わせて一千七カ村の村々を代表して、五〇名の惣代（村役人）が郡と国の境界を越えて集まり、そろって大坂町奉行所に「綿花の自由販売」を求めて訴えを起こし、勝訴する。この集団訴訟運動はさらに広がり、三カ国一千三百七カ村の「大集団訴訟」になっていった。千を超す村々をどう結束させたのか。運動の中心となった村の庄屋は、入り組んだ領主関係の境界を越えて、郡全体で集まった「郡中寄り合い」を開き、さらに庄屋たちは自分たちの代表である「郡中惣代」を選ぶ。そうして村方は惣代とともに、「いかなる事態になろうとも共同責任を取る」ことを証文で保証した。近代代議制の代表委任制に近似する。

井上はこう書いている。

代議制体はヨーロッパにしか生まれなかった。つい最近までこれが、「文明」を生み出した欧米の根強い世界観であった。

（中略）

村々には惣代による自治的な組織、「政治」が生まれ、そこに政策主体としての村役人たちの成長も見られた。江戸時代日本の告訴における代表委任システムが明らかにされたことにより、十九世紀前半の地域社会は、内なる利害を錯綜させつつ、それゆえにこそ活性化していたことがわかったのである。

（『開国と幕末変革』）

自治と代議制を実践、質素ながら自立して自在に生きる幕末、維新期の日本人。彼らは、米国の初代駐日公使・タウンゼント・ハリスをして、こう言わしめている。

日本人は喜望峰以東の最も優れた人民。……私は時として、日本を開国して外国の影響をうけさせることが、果たしてこの人々の普遍的な幸福を増進する所以であるか、どうか、疑わしくなる。

（『日本滞在記』）

もう少し、田中正造と足尾鉱毒について語りたい。足尾銅山は栃木県日光市足尾町にある。銅山の発見は一六世紀中葉で、慶長一八年（一六一三）に幕府直轄となり、年に一三〇〇トン以上の銅を産出、世界最大級のヤマ（鉱山）となる。

維新変革によって明治政府の支配下に入るが、明治一〇年（一八七七）、古河市兵衛が鉱業権を譲り受けて、足尾銅山製錬所の操業を開始し、明治一四年（一八八一）、同一七年（一八八四）に相次いで大鉱脈を発見。この明治一七年には産銅量二二八六トンを記録、全国産銅の二六％を占め、四国・別子銅山を抜いて全国一の銅山となった。

イギリスのジャーデン・マジソン商会との三年契約で手にした六三〇万円を基に、足尾銅山は世界で二番目というべセマー式製錬炉（転炉）を導入、それまで三二日かかった製銅工程を、わずか二日に短縮した。

しかし同時に、周辺の環境破壊も一気に進んだ。明治三〇年（一八九七）の山林被害は、農商務省調べで山林の煙害被害が約一万ヘクタール。東京ドーム二〇〇〇個に相当した。鉱山脇を流れる〈其漁利関東無比〉と言われた渡良瀬川から、魚影が消えた。

明治二三年（一八九〇）、同三一年（一八九八）と渡良瀬川は大洪水、古河が造った沈殿池が決壊して、流域一帯に大きな被害を出す。激怒した農民が東京押し出し（集団上京、陳情）を決行。その四次の押し出しが、農民と警官が利根川北岸の群馬県佐貫村川俣（現・明和町）で激突した「川俣事件」（一九〇〇年）である。

帝国議会の議員となった田中正造は、再三、議会で激しい鉱毒反対の演説をする。「民を殺すは国家を殺すなり」。しかし、事態は動かない。ついに正造は衆議院議員を辞職、明治天皇への直訴に突き進んでいくのである。

5　正造、直訴

明治三四年（一九〇一）一二月一〇日、第一六回帝国議会の開院式に臨んだ天皇が午前一一時四五分、貴族院を出、貴族院脇の大路を左に進みつつあったその時、直訴状を手にした正造が、「お願いがございます」と叫びながら天皇の馬車に駆け寄った。しかし、警備の警官にあえなく取り押さえられ、直訴状は天皇の手には届かなかった。

帝国憲法第三条には「天皇は神聖にして侵すべからず」とある。直訴した正造は、その場で切り殺されても文句はいえない。文字通り、「死を賭して」の直訴だった。念のためだが正造は、天皇の慈悲にすがって鉱毒事件の好転を図ろうとしたのではない。天皇への直訴で、「社会的衝撃」を狙い、それによって報道機関を動員、退潮をたどる鉱毒反対運動の活性化を狙ったのだった。このころ力を持ち始めた報道機関に注目した正造は、直訴前に毎日新聞主筆・石川半山と綿密な打ち合わせを重ねている。

この直訴事件が社会に与えた衝撃・影響はまことに巨大だった。新聞はそろって号外を

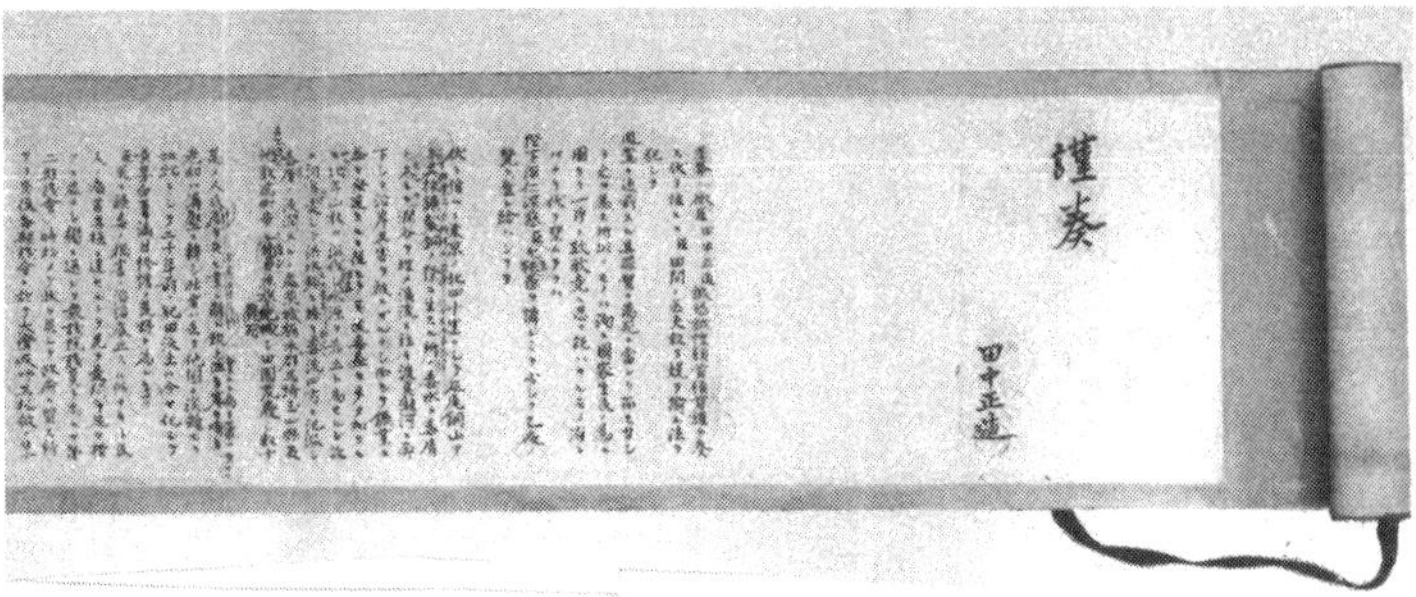

発行、その後、約一カ月、紙面は直訴事件の報道、論評で埋まる。当時、岩手県の中学生だった石川啄木は号外を売り、新聞を配達し、それで得た金品を足尾鉱毒事件被害民に義捐金として送っている。後に『貧乏物語』を著す河上肇は当時帝大生だったが、直訴後の「救済演説会」を聞いて感激、着ていた外套、羽織、襟巻を受付の婦人に差し出し、翌朝はさらに、身に着けている以外のほとんどの衣類を行李に詰め、人力車夫に頼んで送り届けている。以下に直訴状を掲げる（一部、文章略。原文のカタカナ部分はひらがな表記とした）。

謹奏

田中正造

草莽（さうまう）の微臣田中正造、誠恐誠惶頓首頓首、謹て奏す。伏（ふし）て惟（おもんみ）るに、臣田間（でんかん）の匹夫、敢て規（のり）を踰（こ）へ法を犯して鳳駕（ほうが）に近前する、其罪（そのつみ）実に万死に当れり。而も甘（あまん）じて之を為す所以（ゆゑん）のものは、洵（まこと）に国家生民の為に図（はか）りて、一片の耿々（かうかう）竟（つひ）に忍ぶ能はざるもの有ればなり。伏て望むらくは

陛下深仁深慈、臣が至愚を憐みて、少しく乙夜（いつや）の覧を垂れ給はん事を。

伏（ふし）て惟（おもんみ）るに東京の北四十里にして足尾銅山あり。其採鉱製銅の際に生ずる所の毒水（どくすゐ）と毒屑（どくせつ）と、之れを澗谷（かんこく）を埋め渓流に注ぎ、渡良瀬（わたらせ）河に奔下して沿岸其害を被（かうむ）らざるなし。加ふるに比年（ひねん）山林を濫伐し、煙毒水源を赤土（せきど）と為（な）せるが故に、河身激変して洪水、毒流四方に氾濫し、毒渣の浸潤するの処（ところ）茨城栃木群馬埼玉四県及其下流の地数万町歩に達し、魚族斃死（へいし）し田園荒廃し、数十万の人民、産を失ひ業に離れ飢て食なく病て薬（やく）なきあり、老幼は溝壑（こうがく）に転じ壮者は去て他国に流離せり。如此（かくのごとく）にして二十年前の肥田沃土（ひでんよくど）は、今や化して黄茅白葦（こうぼうはくゐ）満目惨憺（まんもくさんたん）の荒野と為れるあり。

　人民の窮苦に堪へずして群起して其保護を請願するや、有司は警吏を派して之を圧抑し、誣（しひ）て兇徒と称して獄に投ずるに至る。町村の自治全く頽廃（たいはい）せ

られ、貧苦疾病（しっぺい）及び毒に中（あた）りて死するもの 亦年々多きを加ふ。嗚呼（あゝ）四県の地亦
陛下の一家（いつけ）にあらずや。四県の民亦
陛下の赤子（せきし）にあらずや。
臣年六十一、而して老病日に迫る、念（おも）ふに余命幾（いくば）くもなし。唯万一の報効を期して、敢て一身を以て利害を計らず。故に斧鉞（ふえつ）の誅を冒（おか）して以て聞（ぶん）す、情切（せつ）に事急にして涕泣言ふ所を知らず。伏して望むらくは
聖明矜察（きやうさつ）を垂れ給はんことを。

この直訴状は、当代一の名文家といわれた萬朝報記者・幸徳秋水が、正造の説明をもとに執筆した。浅学の私には、辞書を引かないと意味がつかめない難語が頻出するが、それでもこの直訴状は、言葉と言葉が響き合う、まぎれもない名文だと思う。

明治の二大社会事件とは、この直訴事件と、明治四三年（一九一〇）、天皇暗殺を目論んだとして社会主義者ら二六人が逮捕、起訴され、翌明治四四年、幸徳秋水ら一二人が死刑となった大逆事件である。社会主義者根絶を目指し、検察によってフレームアップされ

た冤罪事件だった。

直訴状を間に、向き合い、語り合う明治二大社会事件の当事者、田中正造と幸徳秋水。なんと濃密な歴史の瞬間であったことか――。


この直訴事件のあと、鉱毒反対の世論は沸騰するが、明治三七年（一九〇四）の日露開戦がこの機運を一気に冷ます。戦争となれば大砲づくりや砲弾製造に銅は欠かせない。農民の鉱毒被害を訴える声は、あっさりとかき消されていった。

その後、政府は鉱毒事件の最終決着と称し、下流に位置する谷中村（栃木県）一帯に、巨大な沈殿池を造るという遊水池計画を打ち出す。発生源対策ではなく、下流の遊水池に鉱毒水を溜めこむという計画で、谷中村が湖底に沈むことになる。正造は明治三七年から谷中村に移り住み、抵抗。しかし、大正六年（一九一七）、力尽きた農民は村を離れ、一二〇〇ヘクタールの谷中村は消滅した。

ふるさと谷中村を追われた農民らの一部はその後、北海道・佐呂間に移り住み、原生林の開拓に挑む。極寒の痩せた地味のこの地で、彼らの命を守ったのは痩せ地でも育つジャガイモと、原生林の中を流れる武士川から獲れる鮭だけだった。

正造は大正二年（一九一三）、栃木県下の支援者宅で客死した。死亡時の全財産は信玄袋一つ。中身は書きかけの原稿、新約聖書、鼻紙、川海苔、小石三個、日記三冊、帝国憲法とマタイ伝の合本だけだった。小石は足尾鉱山脇を流れる渡良瀬川の河原で拾ったものだった。

第四章　モノへのまなざし

1　古着の時代

太郎兵衛はじめ磯子村の人びと、さらには広く江戸期の人びとのモノへのまなざしもまた、やさしい。モノを大切に使う、修理して長く使う。それが江戸期の人びとのもう一つの「精神の核」だった。

太郎兵衛の普段着は古着である。彼に限らず、この時代の人びとにとって古着は当たり前のこと。太郎兵衛が身に着ける夏の単物、冬の木綿袷、妻・はなが着る夏の帷子《かたびら》、冬の桟留袷《さんとめあわせ》は、保土ヶ谷宿から村に行商に来た古物商から買った。行商人が問わず語りに言うには――。

「隣の相模国には一一の古着組があります。一番組から一一番組まで。江戸には常設の、大きな古着市場があります」

行商人が語った相模国の古着商仲間についての古文書が、神奈川県立公文書館に残されている。「相模一国　古着仲間連印議定帳」。それによれば、相模国古着屋拾壱組は次のようになっている。

壱番組・戸塚組、弐番組・鎌倉組、三番組・藤沢組、四番組・大磯組、五番組・小田原組、六番組・十日市場組、七番組・伊勢原組、八番組・一之宮組、九番組・厚木組、拾番組・荻野組、拾壱番組・川東組

そして、

大行事之儀者年番ニ致し、年々四月参会之砌、順番ニ相譲可申、仲間大帳其外書類相渡、目録ニ致、……

などと定めている。「大行事」とは、どこかで市を立てる、といったようなことかもしれない。

それぞれの組が地域の町場などを中心にまとまり、ある者は店舗を構え、ある者は行商などをしていたとみられる。

多和田雅保（横浜国立大学教授）によれば、天保八年（一八三七）の各組の人数は、壱番組二八人、弐番組四一人、三番組三七人、……六番組三三人、七番組三七人、八番組三一人、九番組二七人、拾番組二六人、拾壱番組一六人で、総計は二七六人。多和田は「相模の国のきわめて広範囲を覆っていたことがわかる」という。

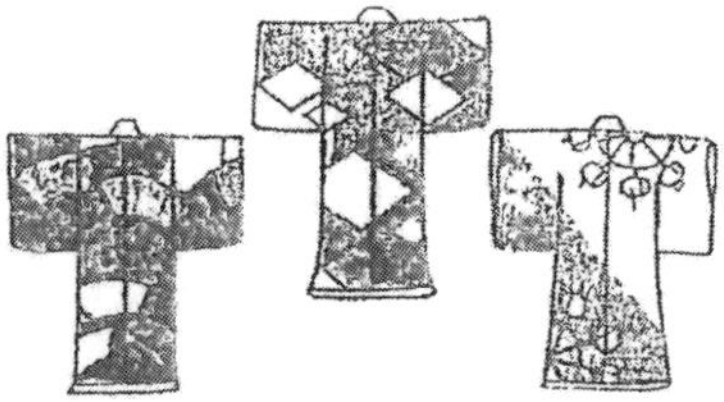

古着は店に吊して売られた（商売往来絵字引）
古着の行商人、竹馬古着屋（守貞漫稿）

武蔵国の場合も、古着商の活動はほぼ同様で、太郎兵衛は村をめぐってくる古着商から、衣類を購入していた。

一方、江戸には早くから常設の古着市場があった。江戸の古着の町の代表格は、日本橋の富沢町。この町の成立は、次のようなものだった。

古着商・江口屋は元和八年（一六二二）から、木綿栽培ができない奥州筋へ古着を商うようになった。その後の慶安三年（一六五〇）に町奉行に願い出て古着問屋組合（一三人）が許可されたのが、江戸の「古着株仲間」の始まりである。そのころは神田紺屋町から移った古着朝市が鎌倉河岸で開かれていたが、富沢町周辺には古着渡世が多いことから、さらに富沢町河岸通りに移動した。これ以後、富沢町を中心とする界隈は江戸・東京を通して古着商いの中心的な地域になった（杉森玲子「古着商人」、『商いの場と社会』吉川弘文館所収）。

また、神田川南岸の一・五キロ弱の土手を背にしてつくられた柳原土堤通りの古着市場は、安い値段で客を獲得、幕末段階では由緒ある富沢町市場と肩を並べ、さらにはそれを凌駕していった。

古着商売は以後もますます隆盛となり、神田岩本町など各地の市や店舗も賑わう。天保一四年（一八四三）、江戸には四軒の大手の古着問屋があったが、その四軒の同年の古着仕入れ高は、いずれも金一万両を超えていた。

江戸期の古着の隆盛は、このころ広く普及した木綿の存在抜きには語れない。木綿の登場する前、人々の衣服は藤の繊維からつくる藤布、シナ（科または榀）からつくる太布、葛のつるの繊維による葛布などだった。ごわごわし、着心地が悪いことは我慢するにしても、保温性を決定的に欠き、ちょっとした風邪で人々があっさり命を落とすこともしばしばだった。

対して木綿は、軽く、やわらかで着心地もよく、何より保温性が抜群。加えて丸洗いも

「神田岩本町古着市場之図」（槌田満文編「江戸東京職業図典」より）

可能で、「清潔さ」も保つことが出来た。

　中国大陸からもたらされた木綿は江戸期、干鰯《ほしか》などの金肥に後押しされ、畿内などを中心に爆発的に生産量を増やした。産地はやがてほぼ全国に拡大、木綿を民衆の衣料にしていく。同時に換金作物・木綿の普及は、米中心の江戸期の生産基盤をも揺さぶった。「木綿革命」といわれる所以である。なお、房総沖で、紀州などからの旅漁師によって捕獲されたイワシは干鰯に加工され、東浦賀（現・神奈川県横須賀市）の問屋などを通じ、畿内などへ大量に送られている。

　保温性、柔らかな着心地、そして清潔さ――そうした優れた特性があったからこそ、木綿は江戸期に瞬く間に全国に広がり、古着の世界も確立されていったのであろう。「清潔さ」を保証できない古着では、その普及は難しかったのではなかろうか。

そして、江戸期の民衆のモノに対する基本姿勢は「決して持ちすぎない」だった。幕末、江戸の民衆の暮らしを見たイギリス初代駐日公使オールコックは、心底感歎した、として次のように書いている（『大君の都』）。

日本においては、若い夫婦が家具屋の請求書に悩まされるようなことはありえない。若い夫婦が住む家は、おおむね三部屋ないし四部屋からなっていて、各部屋には清潔な畳（マット）が敷いてある。そこで彼らは、互いに綿入りぶとんや個々人の衣装箱などを持ちよって、世帯をもつのである。その他の主な世帯道具は、飯たき用の鍋、食べるための塗りのお椀とお皿が半ダース、行水や洗濯に使う大きなたらい、などである。これだけで、みごとな世帯ができあがるわけだ。

牧歌的な単純な生活とは、このような生活のことをいうのであろう。そこでわたしは、少ない収入で世帯をもって、それを維持すること（これこそは結婚生活を営むに当たってもっとも苦労させられがちなことである）に困難を感じている人びとに、大いにこのような生活をすることをおすすめしておきたい。

2　日本の古着、世界へ

みてきたように江戸時代、民衆の衣装は圧倒的に古着だった。古着屋が村を回り、江戸には古着を扱う露店や店舗が軒を連ねる古着の街が登場した。そして二一世紀のいま、日本の古着は、アジアを中心に世界市場を席捲している。朝岡康二『古着』に拠りながら、「古着のいま」をみたい。

戦後、経済の高度成長などを経て、日本国内に古着が溢れるようになると、古着は海外に向かう。昭和四八年（一九七三）のインドへの輸出が、その嚆矢だ。以後、東南アジア、南アジアに販路を拡大、昭和五〇年（一九七五）ごろになると、バングラデシュやパキスタンで、主に男性用古着が人気を集める。女性は宗教的理由などで、伝統的な民族衣装を着ることが多かったため、といわれる。

パキスタンなどで人気があったのは女子高校生などの制服のスカート。ひだの多いスカートは、解くと容易に大きな布に戻ったからだ。そしてパキスタンからさらに奥、アフガニスタンやアゼルバイジャンに古着は流れていった。

やがて香港、シンガポールなどへの輸出が始まるが、ここは中継地点。男性用としてはオーバー、スーツ、ブレザーなど、女性用としてはワンピース、スカートなどの人気が高く、東南アジアなどへ流れていった。

やがて日本国内で人件費が高騰したのを受け、海外に選別工場を移し、そこで選別作業を行うケースも出てくる。日本から古着、古布を持ち出し、海外で安い人件費で選別を行うというシステムだ。選別工場は、マレーシア、フィリピンなどにつくられていった。

日本の古着はなぜ、海外で人気があったのか。秘訣は「清潔さ」。学校などで回収されるジャージなどの場合、ほとんどの父兄がクリーニング店に出し、きれいにしたものを学校に提出する。クリーニング店のタグのついたものなどはまさに清潔の象徴で、人気は中国製の新品を凌駕した。ジャージは丈夫でしなやかで、水はけもいい。いまも、東南アジアの水田地帯などで歓迎されている。

他方、古着の日本への輸入も一九七〇年代から始まる。アメリカから輸入のヴィンテージもののジーンズが、やがて若者中心に爆発的人気を集め、東京・原宿などの店で、信じられないような価格で売られていった。アメリカ・西海岸に子会社として選別工場を持ち、アメリカ、カナダなどで集荷したものを選別、日本に運ぶ会社もある。試みにインターネットで、「原宿」、「ヴィンテージ・ジーンズ」「古着」と検索すると，いともあっさりと「三九万九八〇〇円」、「数百万円」といった価格が画面に飛び出してくる。

言うまでもなく、古着の国際市場を成り立たせているのは南北問題・南北格差である。一方に、衣服過剰の富める国があり、その対極に安い衣服を心待ちにする国がある。「世界の経済格差は当分なくならない。だから古着交易も当分なくならない」と業者はいまも強気である。

しかし、ヴィンテージものの輸入ジーンズが、途方もない値段で売られている現実に出くわすと、「古着問題を南北問題という視点だけで語れるものなのか」という疑問も湧く。同時にその一方で、「アメリカものをむやみにありがたがることこそ、文化の南北問題では」と言ってみたくなる誘惑にかられるが、「それはないぞ!」と、ジーンズファンから言われそうなので、やめておく。

3　もろもろの生業

江戸期の人びとは、古着以外のモノも、修理して大切に使った。太郎兵衛の家でも鍋、釜は鋳掛屋《いかけや》に修理してもらっている。漏れる箇所に銅と亜鉛の合金などを溶かし入れて、穴を塞ぐ。鋳掛屋は鞴《ふいご》（火をおこす送風器）を担ぎ、村をめぐった。

修理や回収というと、太郎兵衛は決まって、近所の甚六を思い出す。江戸に丁稚奉公に

灰買い

羅宇屋

（風俗本『守貞漫稿』より）

出ていた甚六が里帰りした折、意気込んで太郎兵衛にこう語った。どんぐり眼を一層見開き、「どうだ」と言わんばかりの表情で……。

「江戸には実にさまざまの仕事がありますぞ。太郎兵衛さん」

　甚六が語ったさまざまな仕事とは――。道に捨てられた紙を拾う「くず拾い」、使用済みの樽を集めて再利用する「古樽買い」、煙管の管を取り換える「羅宇屋《らうや》」、蠟燭から流れた蝋を買う「流れ買い」、かまどの灰を買い集める「灰買い」。灰は肥料や洗剤などとして使用されたし、酒づくりでは灰のアルカリで、酸の多い酒を中和していた。もちろん、古着を買い集める「古手屋」も。

　こうした江戸期の生業については、喜田川守貞が『守貞漫稿』で、絵入りで詳細に報告している。江戸時代後期の三都（京都、大坂、江戸）の風俗、事物を克明に紹介した書で、起稿は天保八年(一八三七)。約三〇年間書き続けられ、全三五巻となった。

さて、回収の極めつけは、甚六が江戸で、近所の隠居から教えられたという長屋の例だ。長屋の便所は共用で、そのし尿は江戸近郊の農家が下肥として買っていく。大変な金額で、それはすべて長屋の管理人である大家の収入。渡辺善次郎によれば、幕末ごろ、江戸の四谷あたりで一二軒長屋のし尿くみ取り料は、一カ年五両ぐらいになった(『江戸時代にみる日本型環境保全の源流』)。当時の米の値段は一両で一石(一五〇キログラム)前後であったから、し尿代は米五石に相当したことになる。因みに一石は、一人が一年、暮らせる量だ。「加賀一〇〇万石」といえば、百万人を一年間養えた、という意味である。大家が「店子と言えば子も同然」と見栄を切れたのも、この収入があったからである。

もうひとつ付け加えれば——。江戸期の日本は、見事な「持続可能な社会」だった。紙を例にとろう。江戸時代の和紙の主な原料だった楮《こうぞ》は、春から成長したいわゆる一年生の枝だけを十一月ごろに切って皮をはぎ、繊維だけを精製して紙を漉《す》いた。つまり、製紙原料もほかの農作物と同じように、その年の太陽エネルギーだけを利用して必要量をつくっていたのである。いまでいう「持続可能な社会」が立派に成立していた。

対して――。そのころ、世界を代表する大都市、イギリス・ロンドン、フランス・パリはともに、産業革命後で衛生、環境問題では惨憺たる状況にあった。

下水処理が不十分なロンドンでは、住民が二階から便器のし尿を投げ捨てていた。日本の安政五年（一八五八）に当たる年の夏、汚れ切ったテムズ川の悪臭が川端の国会議事堂を襲うという「Great Stink＝大臭気」と呼ばれる事件が起こる。「腐敗物の発する臭気が伝染病を伝播するという毒気説（ミアズマ説）を信じていた当時のこと、大臣や議員たちはその恐怖にとらえられて逃げ惑った」（渡辺善次郎『近代日本都市近郊農業史』）。

パリもひどい。「道路（行政、法規）」を意味するフランス語の「ヴォワリ（Voirie）」は、かつては「ゴミ」や「ゴミ捨て場」を指していた。二階、三階などの窓から住民が、平気でゴミを道路に投げ捨てていたのだ。

フランスの文豪ビクトル・ユーゴもパリの街に汚れ、ゴミもし尿も動物の死骸もそっくりセーヌ川に流されるパリの下水道について深く嘆いている。一八六二年に出された代表作『レ・ミゼラブル』の第五部第二編「怪物の腸」はそっくり、一九世紀のパリの下水道の描写にあてられている。「怪物の腸」とは下水道の意である。岩波文庫、豊島与志雄訳によれば――。

「パリーは年に二千五百万フランの金を水に投じている。……いかなる機関によってか？　その腸によってである。腸とは何であるか？　曰く、下水道」。

「統計によれば、フランス一国のみにて毎年約五億フランの金を、各河口から大西洋に注ぎ込んでいるという。見よ、五億の金があれば歳費の四分の一を払い得るではないか。人間の知恵は、その五億を喜んで溝《どぶ》の中に厄介払いしている」。

ただ、あえて付言すれば――。江戸の環境政策がいつも満点だったわけではない。例えば一七世紀後半、経済成長と人口増の中で、城郭、町屋、神社仏閣、橋の建造や設置が大きく進み、その材を伐りだすため関西を中心に山が荒れる。幕府は寛文六年（一六六六）、「諸国山川掟」を出し、草木を根こそぎとることを禁じ、木のない山には植林を命じている。

もうひとつ付言すれば――。江戸の見事な環境、環境政策、そして「まえがき」で紹介した幕末、明治維新期の民衆の笑顔が、来日した外国人を感嘆させたことは、もちろん間違いではない。ただ、感嘆した側の彼ら、彼女らの眼、母国の置かれた状況についても目を向けなければなるまい。欧米先進諸国は産業革命を成し遂げ、初期工業化社会の特徴である「陰惨な貧困」に直面していた。社会主義思想家のフリードリヒ・エンゲルスは、

『イギリスにおける労働者階級の状態』で、ロンドンの労働者階級の悲惨について、「作業衣以外の服を持っている戸主は、一〇人に一人もいない。賃金の安い労働者は、そのうえ大家族をかかえている場合には、完全に仕事についているときでさえ、飢餓におちいるということは自明のことである」と書いている。

エンゲルスが同著を発表した一八四五年は、日本では江戸後期の弘化二年。貧農、富農の格差が広がりつつあったとはいえ、欧米の「陰惨」に比べれば、まだまだやさしいものであったろう。外国人が江戸文明に注ぐ感嘆の眼差しには、「母国がすでに失ってしまった工業化以前の文明」への愛惜がこもっていたのかもしれない。

その後、明治の日本は殖産興業の道をひた走って足尾鉱毒事件を起こし、さらに太平洋戦争後の高度経済成長期には水俣病、四日市公害といった「世界に冠たる公害」を引き起こしていくのである。

コラム　究極の断捨離

アフロヘアで、テレビにも登場する元朝日新聞記者・稲垣えみ子の著書を読んだ。『魂の退社』とその続編ともいえる『アフロ記者が記者として書いてきたこと。退職したからこそ書けたこと。』。この二冊の本は、なぜ彼女が五〇歳で退社したのか、なぜ冷蔵庫まで手放すといった究極の断捨離を決行したのか、などを綴った愉快、痛快な「快著」である。

朝日新聞記者は同業他社の記者が眼をむくほどの高給取り。大阪本社時代の稲垣は、その高給で流行の先端の洋服を買いまくり、一流レストランで夜な夜な外食するといったバブリーな生活を満喫した。そんな彼女が高知総局へデスクとして転勤。朝から夜まで、総局のデスクに張り付く生活で、買い物も外食もままならない。たまの休日に買い物をと思っても、大阪のような流行の先端の品は高知にはない。大阪のスーパーではどんな季節でも一通りの野菜はそろっていたが、高知の直売所ではその季節にならないと季節の野菜は売られない。そんな変化の中で彼女は「旬の野菜のおいしさ」と「待つことの楽しさ」を知り、休日の里山歩きで自然に寄り添う生活に目覚めて「欲望の無限のループ」から脱出できたという。その後、彼女は大阪本社に転勤、論説委員などに転じるが、五〇歳で「組織にしばられない本当に自由な後半生」を求めて退社した。

「本当に必要なものとは何か。電化製品は必要不可欠か」「本当の自由な生活とは？」を模索する彼女は、東日本大震災、福島原発事故に大きなショックを受ける。「電化製品に囲まれて生きてきた私も原発推進派だった」。

そして冷蔵庫まで捨てるという究極の断捨離生活に挑戦する。その日に食べるものだけをその日に買う。使いきれなかった野菜などの食材はベランダで天日干し。ご飯はお櫃で保存。作りすぎたおかずは近所におすそ分け。そんな生活がいまや、「楽しくて仕方がない」という。今、彼女が使っている電化製品は、電灯、ラジオ、パソコンと携帯電話の四つだけ。

ここまで読み進めて私は、「これは江戸時代の長屋のおかみさんの生活の相似形では」との思いに至った。稲垣の著作には江戸を意識した痕跡はない。しかし結果として、江戸の庶民に通底する生活スタイルに行きついた――。そこもまた、「実にいい」と私は思うのだが……。

第五章　川に白魚が棲み、空に鶴が舞った

1　水の都・江戸

江戸のし尿回収、利用システムについて、もう少し詳しくみたい。江戸では一人当たりの下肥（人のし尿を肥料としたもの）の量は、年間一〇荷（二〇樽）とみなされた。一荷は四斗、七二リットルである。そして、一〇荷の下肥に含まれる窒素と燐は、「硫安と溶成燐肥に換算してざっと五キログラム」（石川英輔『大江戸リサイクル事情』）だから、百万都市江戸では、一年に化学肥料にして五万トン分の肥料を造っていたことになる。「江戸は、巨大な有機肥料工場でもあった」（前掲書）。

しかし、江戸で〝生産〟される大量の有機肥料・し尿を、農村部にどう届けるかが大きな問題だ。それを解決できたのは、江戸が運河や河川が四通八達する「水の都」だったからである。人工の川・運河は、当初は江戸城の防御のための堀や、海から江戸城に物資を運ぶ水路として建造された。それが次第に江戸の下町、城東地域を中心に広がっていく。なぜ、下町・城東地域が中心か――。利根川水系の河口部につくり出された下町は低地で、しばしば浸水した。そこに高い堤の人工河川を築くことで、その周辺に町場となる安定した土地を造成することができたからだ。

山本松谷画「小名木川の眺望」明治 42 年（『新選東京名所図会』第 62 編より）

鈴木理生『江戸の川・東京の川』などによれば、北の武蔵野台地から南の江戸湾に向かって流れる浅草川（隅田川）・中川・江戸川（利根川）の三河川（南北軸）に、東西にクロスする形（東西軸）で小名木川・船堀川（のち新川）が一六世紀後半の天正期に、万治二年（一六五九）までに小名木川の北に並行して竪川、および南北に通じる横川（大横川）、さらにその東側に並行する横十間川などが開削される。そして元禄一〇年（一六九七）までには、浅草川と中川とを結ぶ三本の東西軸の運河、一番北側に曳舟川（一名本所上水＝中川支流）、次いで北十間川、最も南寄り（海側）に仙台堀（二十間川）がつくられた。

このうち小名木川は塩の生産地・下総国行徳（現・千葉県）と結び「塩の道」に、浅草川河口を利用した仙台堀は木場に材木を運ぶ「木の道」となっていく。こうして支川を含め「四通八達」となった水路が、百万都市江戸の物資流通を支えることになる。

さて、し尿だが、人間が天秤棒で担いだり、馬の荷として運ばれたりもした。しかし、人のし尿の運搬方法として圧倒的に優れていたのは舟・舟運である。そして前記の「水の路」の存在が、その舟運を可能にした。

葛西船と呼ばれた肥舟は、船一艘で五〇～六〇荷を運んだ。肥桶一荷は、四斗＝七二リットル入り。人間では肩に担いで一荷、馬は二荷で、舟には遠く及ばない。

根崎光男『「環境」都市の真実』からは、学ぶところ大だった。同書と、これまた労作である平成一六年度特別展『図録　肥やしのチカラ』（葛飾区郷土と天文の博物館編集発行。以下「図録」と表記）に拠りながら、江戸のし尿が農村部に届けられるさまをみていく。

『東京府志料　1』によれば、明治五年（一八七二）の府下の船の総数は六五四五艘。そのうち、し尿を運ぶ葛西船は一五六四艘で、内訳は中川に六一二艘、船堀川に二六七艘、江戸川に二四〇艘、荒川に一二六艘などだった。多くを江戸の東郊、北郊の農民が所持していたことが分かる。余談だが、この年・明治五年、府下の西洋型帆船は一一艘、蒸気船は二七艘である。

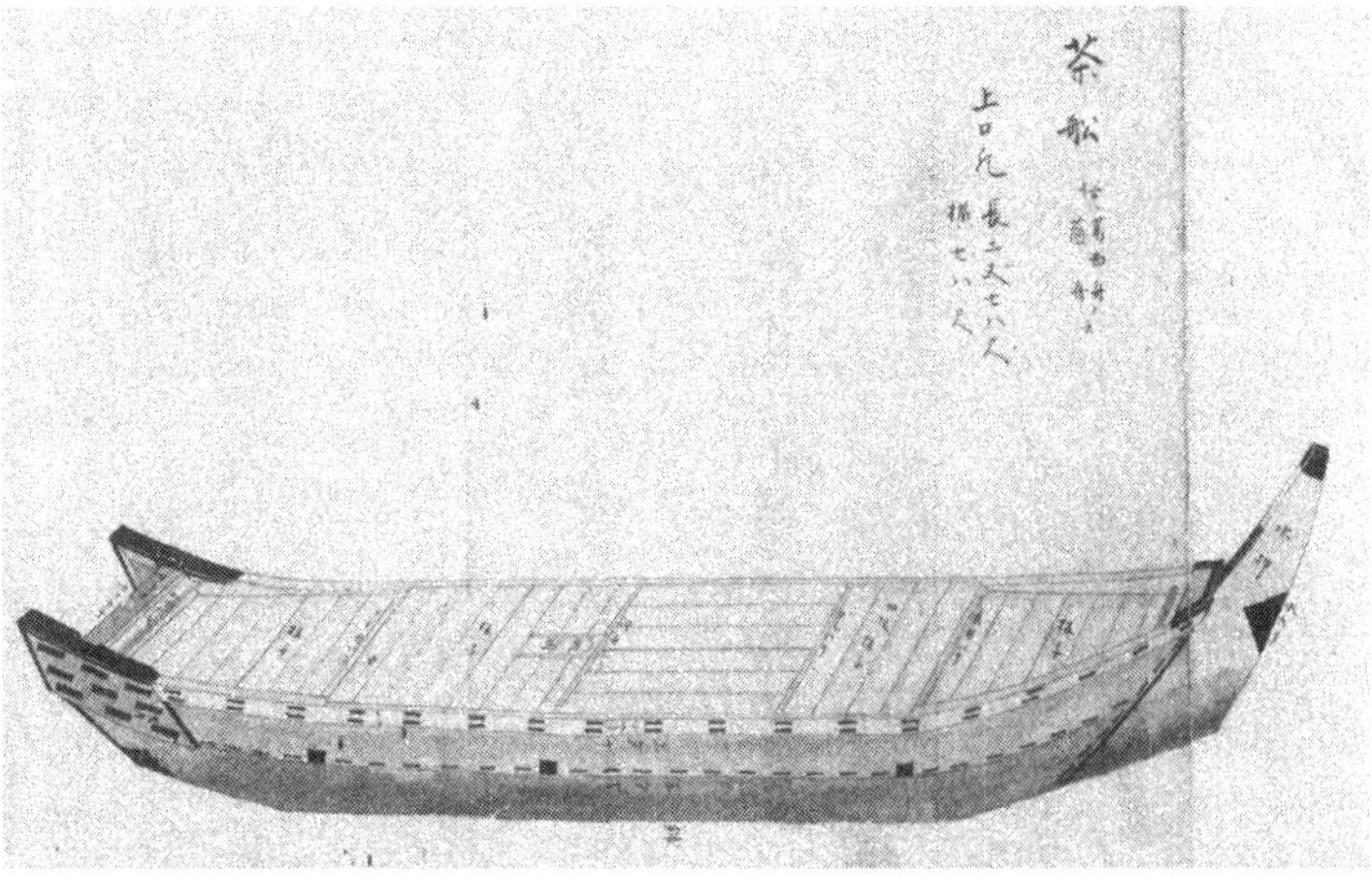

茶船（船鑑・船の科学館　蔵）

江戸のし尿は、江戸城内の農村部（主に東郊、北郊）に留まれず、現在の千葉県（上総、下総）や埼玉県（武蔵）などに向けても搬出された。『江戸川区史第一巻』には、

「江戸市中の下肥は武総両国の江戸川水系古利根及び中川水系、荒川水系の各農家に運ばれ、各地の河岸にいる売捌人により世話人を通じて農家に販売されていた。肥船は伝馬船であって、下肥運搬専用につくられていた。隅田川などを上下するこの肥船の数は多く、東西葛西領から集まるものが多かったために江戸の人々は俗に『葛西船』とよんでいた」

との記述がある。

江戸のし尿は季節を問わず生み出される。米や麦の季節はいいが、それ以外の季節にこ

綾瀬川を航行する下肥運搬船　昭和 20 年代（『図録　肥やしのチカラ』より）

のし尿をどう扱うか。農村部では、下肥を活用する野菜栽培、野菜の栽培を始める。都市近郊の野菜栽培、江戸野菜の登場である。小松菜（江戸川区小松川など）、山東菜（足立区栗原など）、キャベツ（葛飾区細田など）といった葉もの野菜、さらに時代が下ると、葛飾区金町の小かぶ、江東区亀戸の大根、葛飾区下小松の蓮根など根もの野菜も栽培されていく。都市野菜の生産地はさらに江戸川を越えて現在の千葉県、埼玉県などの村々にも広がった。松戸市（千葉県）、越谷市（埼玉県）のネギ、草加市（埼玉県）の蓮根などが代表例だ。

それらの野菜は、し尿と逆ルートで農村から都市へと流れ、都市と農村の、

「水路を介しての物資の相互交換」が実現した。葛飾区教育委員会郷土と天文の博物館の学芸員・小峰園子は「確かな文献はないのですが、野菜は豪農が所有する長船などで運ばれたのではないでしょうか。葛西船ではなかったでしょう」という。

江戸・東京以外の地でのし尿処理はどうだったか。例えば横浜——。幕末に横浜が開港すると開港場は人口が急増、そこで生まれた大量のし尿を橘樹郡、都筑郡、久良岐郡などの農家が引き受けた。輸送手段は舟運と荷車。舟運では鶴見川、帷子川、大岡川、中村川、掘割川などが使われたが、中心的な存在だった鶴見川でも川幅は狭く、葛西船よりはるかに小型の肥船が使われた。また、荷車で運搬の村もあり、横浜地区の肥船展開は、東京よりかなり小規模だったと思われる。

都筑郡吉田村の場合、百姓が所有する肥船は長さ四・五メートル～七・九メートルで、葛西船（長さ約一二メートル～一六メートル）に遠く及ばなかった。

2　白魚の棲む隅田川

こうした、し尿の下肥としての完全利用の結果、江戸では隅田川の河口近くに白魚が棲み、将軍に献上された。白魚はＢＯＤ（生物化学的酸素要求量）３ＰＰＭ以下の清流にしか悽めない。
安政二年（一八五五）、蘭医、桂川甫周の二女として、江戸築地中通りに生まれた今泉みねは、昭和一〇年（一九三五）になって、雑誌『みくに』のインタビューに答え、次のように語っている（『名ごりの夢――蘭医桂川家に生まれて』）。

私の幼いころのすみだ川は実にきれいでした。

すみた川水の底まで涼しさの　とほりてみゆる夏の夜の月

とどなたやらのお歌にもありましたように、心底《しんそこ》きれいで水晶をとかしたとでも申しましょうか。

……

ただ今も忘れられず美しかったとまぼろしのように憶い出でますのは、鏡のような静かな水の面に泛《う》かんだ屋根舟でした。それが花見のころとか月のよい晩などには、よけいきれいな人をたくさんにのせて、のんびりと川の面《おもて》を行き交《か》う風情はほんとに浮世絵もそのままでございます。

話は前後するがわが国で、人間のし尿を肥料とした下肥の利用が始まるのは二毛作が普及した鎌倉時代ごろだという。鎌倉・室町時代の肥料の中心は草木灰などだったが、一五世紀ごろからは下肥が追肥として次第に利用されるようになる。さらにその後、江戸時代に入ると秣場（飼料、肥料などを採取する採草地）などが新田開発地として狙われ、採草肥料の供給が大幅に減少。その反面、都市側の野菜需要が急増し、農村側は大量供給を迫られる。魚肥や米ぬかなどの肥料では追いつかず、即効性のある人間のし尿（下肥）が普及した。

下肥の値段は、時代により高下する。一八世紀、江戸周辺農村の野菜栽培は、安価な下肥の普及で飛躍的に発展するが、それにつれて下肥価格も高騰、農業経営が困難となる。寛政元年（一七八九）、江戸周辺の農民は代表を立て、勘定奉行に下肥価格が三〜四倍にも上がったとし、その引き下げの御触れを出してくれるよう嘆願する。紆余曲折をたどるが、結果として農民側の嘆願・要求はほぼ実現した。

もし、し尿汲み取りが止まり、さらに野菜供給が止まれば、より困るのは都市の側、という事情があったものと思われる。

3　そして空には鶴が舞った

前述の『名ごりの夢』で今泉みねは、屋敷の庭に鶴が飛来、子供たちが大喜びした話を語っている。結局、鶴ではなくコウノトリだったようだが、大型鳥類がやってきて憩うことのできる緑、水辺（池）、餌となる昆虫やミミズなどがいる豊かな空間が、武家屋敷など大きな屋敷の庭にはあったということであろう。余談ながら鶴とコウノトリを見分けるのは、難しいという。

江戸の面積（明治二年調査）は五六・三平方キロメートル余で、そのうち武家地三八・六平方キロメートル（六八・六％）、寺社地八・八平方キロメートル（一五・六％）、町人地八・九平方キロメートル（一五・八％）。武家屋敷や寺社地が豊かな自然に恵まれていたさまは、今も東京に残る六義園などで偲ぶことができよう。六義園は柳沢吉保が幕府から拝領したことに始まる柳沢家の別邸で、現在の面積は八万七八〇九平方メートル。

この別邸に吉保の孫の柳沢信鴻《のぶとき》が安永二年（一七七三）から天明五年（一七八五）まで暮らし、全一三巻二六冊の日記「宴遊日記」（三一書房『日本庶民文化史料集成』所収）を残している。一日も休まず一三年間にわたり、克明に書き残した生活記録は他に類をみない。鶴が飛来する様子、さらには庭園内に巣をつくり、雛が巣立って行く様子などもこまめに綴られている。

安永二年（一七七三）八月一九日。
　朝鶴舞ふ
安永三年（一七七四）七月廿六日。
　昨園池へ白鷺・首黒白鷺等二十計下る、廿三日より鶴折々来
同年八月廿九日。
　今日昼過鶴舞　此頃朝夕雁わたる

圧巻が鶴の営巣、雛の誕生、そして巣立ちだ。

安永一〇年（一七八一）三月三日。
　昨日鶴二双園中飛翔、今日一双水分石のもみに巣をつくる躰、
天明元年（一七八一）五月八日。
　鶴の雛生れし様子、外に一双来、同樹に棲

その後、「雛が巣から頭を出す」（五月十五日）、「雛が親と同じくらいの大きさになった」（閏五月二十四日）、「雛鶴二羽が泉池に降りて、水際で遊んでいる」（六月十四日）などの経過をたどり、同六月十六日、巣立ち。

雛鶴巣をたちし祝ひ赤飯を六本木・上邸初児輩へ配る

信鴻の筆からも喜びがこぼれるようだ。繰り返すが、舞台は今の六義園。東京の真ん中だ。羨ましい話ではある。

そして「日記」によれば、別邸には鶴の他、朱鷺、白鳥、鴨、鷲、コウノトリ、ホトトギス、雁などが飛来、キツネやタヌキも生息していた。

4　徳川幕府と鷹狩り

上空に鶴が舞うという光景は、徳川家康や五代将軍・綱吉の鷹狩りをめぐる政策と深くかかわる。

鷹狩りとは、飼いならした鷹を山野に放ち、鳥や小動物を捕らえる狩猟方法のひとつである。すでに五、六世紀の埴輪に左手に鷹を据えた鷹匠埴輪が出土しているという。その後、朝廷、鎌倉・室町幕府も鷹狩りに励み、いつしか鷹狩りは権力の象徴とみられるようになる。

織田信長も豊臣秀吉も徳川家康も、この伝統を受け継ぐ。特に家康は、鷹狩りをこよなく愛した人物として知られ、生涯に千回以上、鷹狩りを行った。家康の目的は、①農民生活の状況の把握　②家臣を引き連れて、軍事訓練を行い、鷹狩りに託して他国領の情勢を探る　③自身の健康増進――だった。

家康は徳川家自身の鷹場として、上総国東金（現・千葉県）、武蔵国忍、鴻巣、越谷（現・埼玉県）、相模国中原（現・神奈川県）などを設定、その周辺に大名に貸し与える鷹場（御借場）を置いた。これらの地域には御殿、御茶屋と呼ばれる施設がつくられたが、これは敵対勢力に備えるという軍事施設の役割も兼ねたという。

同じく鷹狩りに熱心だった三代将軍家光は寛永五年（一六二八）、鷹場を再整備、江戸日本橋から五里四方一帯を鷹場に指定し、その外側一〇里四方内に、尾張、紀伊、水戸の御三家の鷹場・御借場を置く。これらの地域では、不審者の出入りが厳しく監視された。

「生類憐みの令」で知られる五代将軍綱吉は、鷹狩りに否定的だった。将軍就任以後、彼が自ら鷹狩りに出た形跡は認められないが、鷹狩り制度そのものを、一気に廃止することはしなかった。朝廷への鶴の献上などの儀式に支障が出る、と考えたからであろうか。

元禄六年（一六九三）、幕府は鷹を飼うことをやめる。鷹は新島に放たれ、鷹匠町は小川町、餌指町は富坂町に町名変更した。そして綱吉は、鶴の放し飼いの場を設置。小石川（現・文京区）、早稲田（同・新宿区）の田地に置かれ、「鶴場」と呼ばれた。

しかし綱吉の死後、即座に生類憐みの令は事実上廃止され、八代将軍吉宗が、鷹狩りを復活させている。

5　綱吉は暗君か明君か

犬を偏愛して民衆を泣かせたとし、永年、「暗愚な将軍の代表格」とされてきた徳川五代将軍・綱吉（将軍在位一六八〇～一七〇九）。しかし近年、彼の評価には変化が見られるという。彼の政策、思想は、「暗愚」「狂気」といった言葉で葬ることのできるような軽々しいものではない、と見直し論者たちはいうのだ。野口武彦は「綱吉の学問奨励と『生類憐みの令』、明君性と暗君性とは、どうやら一枚のメダルの裏表だったらしい」（『太平の構図』）としている。

綱吉は、世継ぎの徳松を五歳で失い、前世の殺生の報いと諭されたこと、母親である桂昌院の熱心な仏教への帰依によって洗脳され、異常なまでの生類憐みの法令が次々に発令されたといわれてきた。生類憐みの令は貞享四年（一六八七）正月の、捨病人、捨牛馬禁止令あたりから始まるとされ、さまざまな法令の総称である。犬への偏愛が強調されがちだが、動物に限られたものではなかった。捨て子、行旅病者、囚人などの人間も保護の対象とされ、捨て子禁制、捨て子養育令、道中病人処置を命ずる法令などが繰り返し出されている。

捨て子についてみよう。元禄期を中心とするこの時期、江戸などの都市では、捨子が多発した。養育費を受けとりながら、ろくに乳も飲ませずに死なせてしまう悪徳の「里子取り」も現れる。乳を与えうる女性の絶対数も少なく、残酷な話だが、捨子の多くは犬の餌食になる運命にあった。見直し論者が言うように、綱吉の政策がそうした弱者へも目配りした「福祉政策」の側面も持っていたことは確かである。

綱吉は儒学を熱心に学び、深く傾倒。同時に仏教への思いも篤く、儒教的徳治と仏教的慈悲を二本柱に、「ひとをふくむ一切の生類への慈愛、保護」を自身の政治哲学の根本に据える。そして、「ひとをふくむ一切の生類が権力（徳川政権）によって保護されるべきものだという考え方」に至り、将軍自ら「人民の精神改造」を強力に押し進めていった、とされる。

徳川政権の初期、家康—家光の時代は「武を背景とする支配」だった。しかし、戦世《いくさよ》が遠くなり、太平の世となった綱吉の元禄期、「武張った」支配思想では民衆の同意、納得を得るのは難しい。「家康—家光が武によってつくり上げた全国支配の体制を、綱吉は生類憐みの志、儒学の理想を幕政で実現しようとする文治政治によって一層強固なものにしようとした」とみるのが「綱吉見直し論者」の評価である。また、反対意見を押し切って軍艦安宅丸を廃却するという〝軍縮政策〟を断行、家康、家光が「鷹場の拝領という恩寵」を大名に与えたのに対し綱吉は、大名の私邸を訪れて儒学の講書を行っている。現在の教科書も、綱吉の「戦国野蛮な価値観を否定した開明的側面」に言及している。

綱吉の治世の大きな部分が元禄期（一六八八〜一七〇四）である。元禄とは、商品経済が江戸の街を活気づけ、戦世とは違う「太平」「自由」の空気が横溢する時代である。自由とは、民衆自身が主人公となる思想、気分であろう。それは専制君主・綱吉の「上からの精神改造の試み」や「御慈悲の政治」の対極にある。だから綱吉の政策は、元禄期の民衆には「鬱陶しいもの」と映ったに違いない。綱吉が法令違反者を厳しく処断する専制君主であったことも、民衆の「抑圧感」をいっそう強めたのでは、と思われる。

ことは「鬱陶しさ」だけでは終わらない。幕府は元禄八年（一六九五）、江戸郊外の中野・大久保に犬小屋をつくり、増え続ける江戸の野犬を収容する。その数四万二千疋。そして犬小屋の建設材料の調達は、遠く神奈川の地にまで及んだ。例えば高座郡羽鳥村（現・神奈川県藤沢市）。

一、ない竹千本
一、から竹　百五拾本
〆千五百五拾本　但シ馬付拾六貫
此駄賃拾弐貫八百文　但シ壱駄ニ八百文づつ
……

一五〇〇本余の竹林をわざわざ武蔵の中野村まで一五里（六〇キロ）の道を、馬につけて運びこんだという、村役人連名の藤沢御役所宛の証文である（『神奈川県史』）。「鬱陶しさ」は「怨嗟の声」に変わったに違いない。

「生類憐みの令」と歩調を合わせ、綱吉の文治政策を進めることになるのが「鉄砲改め」である。豊臣秀吉の刀狩りで、武士以外の鉄砲所持は終わったと思いがちだがそうではない。一七世紀末、武士層が持つ以上の銃が村方にあったと思われる。諸国の大名は、銃を持つ農民を「在郷足軽」として抱え、「潜在的な戦力」としていた。

鉄砲改めも数次にわたる発出だが、貞享四年（一六八七）以降、本格化し全国化した。鉄砲数を報告させ、猟師や、シカ・イノシシが多く、作物を荒らして困る地だけに許す「月切り鉄砲」などを除いて取り上げるというもの。取り上げた鉄砲の総数などは不明だが、例えば七万石の松本領の場合、一〇四〇筒あった鉄砲のうち、五〇〇筒が取り上げとなった。綱吉政権は鉄砲取り上げを通じて大名の力を削ぎ、民衆の武装解除を進めて、文治政治を前進させた。

その結果、村ではオオカミやイノシシなどの獣害が増える。関東周辺の場合は、村からの要請で、江戸から幕府鉄炮方が駆除に駆け付けている。例えば幕府の日誌である『柳営日次記』の貞享五年（一六八八）七月一二日付けの欄には、「武州山口筋ニ而狼あれ（荒れの意）、人四人喰死、六人手負有之候故、今晩より鉄炮ニ而打候様、田付四郎兵衛被仰ニ付……」とある。幕府鉄炮方役人の田付四郎兵衛が部下を引き連れ、武州山口領（現・八王子市）に出かけるというのだ。関東以外の私領では、諸領主が幕府鉄炮方の機能を代行した。これは「生類憐みの令」には抵触しようが、「緊急避難的措置」とされたのであろう。

民衆の怨嗟の声を内包しつつも強行された生類憐みの令と諸鉄砲改め。極端にもみえるそんな鳥獣保護策が、結果として貴重種の鶴を守ったのもまた、事実であろう。
詰まるところ、綱吉は明君なのか、それとも暗君なのか――。塚本学は「日本社会の文明化を推進した理想主義者ではあるが小心の専制君主というのが、私の綱吉像」と書いている（『徳川綱吉』吉川弘文館）。

なお、犬愛護を強く命じた将軍ではあるが、綱吉が愛犬家だったといえる兆候は、どこにも見いだせない、という。

6　百姓から見た鷹場

ここまでみてきた鷹狩り、お鷹場について、地元百姓の側から見てみると――。全く別の〝受難〟の顔がみえてくる。

神奈川県川崎市の稲田郷土史会の会報『あゆたか』（第十六号）に関口源六が「鷹狩りについて」という興味深い一文を寄せている。かいつまんでの紹介をお許しいただきたい。

現在の川崎市に当たる稲毛領五二カ村、川崎領二二カ村、六郷領三三カ村などがお鷹場だった。

寛永六年（一六二九）、将軍家光が稲毛領に鷹狩りに来ることになり、急きょ、仮の橋を架けることになる。地元の中丸子、平間、鹿島田村などの村人が経費を出し、勤労奉仕して橋を架けた（志村文書）。

お鷹役人が出張するときは、百姓家のうちで「天井のある部屋」を提供しなくてはならない。そこに鷹のための敷きわら、水浴びのたらいなどを用意した。

禁猟についても「諸鳥殺生は申すに及ばず、或は追い立て、おどし申すまじく候」と厳しく申し渡された。さらに作物を荒らす鹿や猪はもとより、魚をとることも禁止された。

加えて、「お鷹場内で犬を飼ってはいけない」「麦田を耕す時にはその都度、役人に届け出を」「竹木をみだりに切ってはいけない」などの触れも出る。

鷹の餌についても、川崎領の渡田、大島、池上府田村などに毎年、ケラ、ミミズなどの上納が命ぜられた。

百姓の悲鳴が聞こえてくるようだ。そんな百姓の眼には、空を舞う鶴の姿はどう映ったか。美しいと思えただろうか。それとも無念の思いで、天を仰いだか――。

なお、綱吉の生類憐みの令がもたらした思わぬ影響、罪深さについては、第七章「オオカミの護符」で、再度、触れる。

7　江東デルタ小史

運河が縦横に張り巡らされた江戸の下町、江東デルタ地帯のその後の歴史についても触れておきたいと思う。

時代は明治へ。日本資本主義の生成、発展期、後に江東デルタ地帯と呼ばれることになる下町の運河地帯に紡績、化学、肥料、造船、セメントなど様々な業種の工場が一斉に進出した。小名木川、仙台堀など江戸の遺産である四通八達のデルタ内の運河は、鉄道、自動車の未発達な明治初期、最も有利な交通手段（産業基盤）だった。加えて、大消費地・東京の内である。

明治新政府はこのデルタの地に、官営工場を建てる。それを民間企業に払い下げる形で、「上からの資本主義」を推し進めた。デルタは、日本資本主義の生成、発展の主舞台、揺籃（ゆりかご）だった。そうして明治の日本は、殖産興業、富国強兵の道をひた走る。

セメントでみよう。明治八年（一八七五）、深川清澄町にわが国最初の、本格的なセメント工場がつくられた。明治新政府の殖産興業の元締め官庁のひとつの工部省の手になるもので、工部省造船頭平岡通義が、造船場や洋館の材料であるセメントが輸入であることを憂え、工部大輔伊藤博文に国産化を建議、実現した。明治五年（一八七二）に、銀座周辺二九〇〇戸余が焼失する大火があり、火災後、洋風建築化が大きく進むことになるのも追い風となった。

同工場は明治一七年（一八八四）、政商浅野総一郎に払い下げられる。浅野はさっそく、規模を拡大、操業時間を延長して生産増を果たす。官営時代は、月産六〇〇〜八〇〇樽程度だったが、同一八年には一五〇〇〜二〇〇〇樽と倍増した。

浅野セメント降灰事件については、『江東区史　中巻』（平成九年、江東区編集発行）、『皇紀二千六百年記念出版「浅野セメント沿革史」』（昭和一五年、同社刊）に詳しい。

セメント生産の原理は石灰石を粉砕して蒸し焼きにすることで、当初は最も飛粉の激しい竪窯が使われた。公害対策など皆無。人家密集地での操業で、数基の煙突から、灰は工場外に四散した。

深川区民からの苦情を受け、同社の対策にあたることになった工部大学助教授兼警視庁技手の曽根達蔵の次のような一文が、『浅野セメント沿革史』に収められている。

「一日寺田課長（警視庁営繕第二課長）ハ余（曽根達蔵）ニ向ツテ曰ク『深川清澄町ノ浅野セメント工場ハ……数基ノ煙突ヨリ噴出セル煤煙及工場ノセメント細粉ハ遠近四

方ニ飛散シ屋根ハ勿論屋内ト言ヘト苟モ隙間アル所ハ侵入シ……為メニ住民ノ苦情絶ユルコトナク近頃ニ至リ殊ニ苦情ノ度ハ昂マリ何トカ始末ヲ附ケネバナラヌコトトナレリ……』トノコトテアツタ」

これは明治一八年（一八八五）頃のことと思われる。そしてその後、会社は原料化合物を一度瓦型にかため乾燥させ、それを窯詰めとする焼成法である角製機を採用、降灰が減り、苦情も小休止となった。しかし、明治三六年（一九〇三）には会社が、わが国初の回転窯を導入。日露戦争前後から急増したセメント需要に応えるためで、回転窯は大正六年（一九一七）までに四基に増設される。回転窯は原料が乾燥された粉末状態のまま連続焼成してセメントを生産する方法で、粉塵の飛散、付近住民の被害が一気に激化した。

地元には「深川青年団」が組織され、「当局ニ陳情、会社ニ強談」を繰り返す。明治四四年（一九一一）には、提出者高木益太郎、賛成者河野広中外三一人の「浅野セメント合資会社粉害事件に関する質問書」が帝国議会に提出された。新聞も「浅野セメントは会社移転せよ。吾人の視る所にては区民の請求が至当にして、会社は工場を市街居民稀少の地に移転するを可とす」（明治四四年三月一三日、東京朝日新聞）と、腰の据わった論陣を張り、「被害同情演説会」が盛大に開かれるなど世論も運動を支援した。

同年三月、会社側が「明治四十九年末までに深川区における現在工場を撤廃」することを約束、わが国都市公害第一号の「浅野セメント降灰事件」は、住民側の勝利で、ひとまず幕を降ろす。もっとも、大正三年（一九一四）の第一次世界大戦の勃発で工場移転は困難となるが、会社側は同六年、アメリカから輸入の電気集塵機で降灰を防止、地元も「卓効」を認め、移転延期を了承する。その後も工場移転の再延長など紆余曲折を辿るが、住民側は「発生源対策を」との旗を降ろさなかった。日比谷焼き打ち事件（明治三八年、日露戦争の講和の譲歩に抗議した大衆運動）と並び、「大正デモクラシーを支える深層底流をなした」（石塚裕道）といわれる。

もうひとつ注目されるのが、会社と住民の交渉の最終局面で、住民側の代表メンバーとして、万朝報社長黒岩涙香が登場することだ。「一会社の移転ばかりでなく、重大な社会問題で、しかも大富豪を屈服させるのであるから途中で挫折するような者でなく、少なくとも現代の声望ある人格者に依頼せねばならぬ」という住民側の強い要望を受けての登場で、そこに現在の「客観主義報道」の新聞、新聞人とは違う、明治、大正期の言論新聞の姿、言論人の気骨を見ることができる。

ところで、「月が出た出た、月が出た」のあの炭坑節に、元歌があるのを御存知だろうか。

「月が出た出た　月が出た　セメント会社の上に出た　東京にゃ　エントツが多いから　さぞやお月さん　煙たかろ」――。

大正初年、炭坑節のルーツともいえるこの歌をつくったのは添田唖蝉坊《そえだあぜんぼう》（一八七二～一九四四）。歌をもって演説に代え、民権思想の普及を図った人物である。セメント会社とは浅野セメント。浅野セメント降灰事件が、歌にうたわれるほど世間の耳目を集めた、ということであろうか。

さて、殖産興業で日本の富国強兵の国づくりを大きく支えた江東デルタだが、太平洋戦争後の高度経済成長時代、運河は一転して邪魔者扱いされる。舟運が、鉄道輸送やモータリゼーションに取って代わられる時代となったためだ。そして東京都は運河群の一部を「不用河川」とみなし、仙台堀川(注)など一五河川をリストアップ、埋め立てや暗渠化などを開始した。

「不用河川」の言葉に怒りを抑え兼ね、専修大教授玉城哲は、こう書いた。

よく考えてみると、地域の自然に用・不用という奇妙な分類をおしつけることができるものであろうかという疑問がわいてくる。まだ寡聞にして私は〝不用山岳〟とか〝不用丘陵〟とかいう言葉をきいたことがない。地域の自然は、その時の人間の都合によって、いるとかいらないとかいうべき性質のものではないであろう。……不用河川といういい方はどう考えても、あまりに不遜である。

もっとも、仙台堀川は人工の運河であり、本来の自然ではないという反論があるかもしれない。しかし、こういった反論は無力であると思う。仙台堀川だけでなく東京の下町や大阪の市街を彩る堀の多くは人工河川である。また、全国の農村にみられる水路や溜池も人工の産物である。だがそれらは、巨大なコンクリートのビルや、あまり美的といえない高速道路の人工性とはわけが違う。運河や水路は、そもそも地域の自然の特性に適応するための人間の営みの産物だったのであり、歴史が生み出した第二の自然なのである。

（昭和五三年六月二三日、朝日新聞）

油堀川約一六五〇メートルと支川約一八〇〇メートルは、昭和五〇年（一九七五）から五一年にかけて埋め立てられ、その上を高速道路が走る。

それでも――。またまた時代は回り、いまデルタの町の地元、東京都墨田区、江東区、葛飾区などでは、親水空間を復活させようとする市民運動や行政の試みが盛んだ。昭和五五年（一九八〇）には江東区に、都内最大の親水公園・仙台堀川公園が開園、いまでは川辺の木々が豊かに緑陰をつくり、数多くの野鳥が水辺に憩う。

江戸を支えた流通の川↓工業地帯のインフラ↓一転し、不用河川↓そして親水空間としての甦り。

そうした運河の変転について、江東区役所文化観光課文化財係の出口宏幸は言う。

「それぞれの時代の変化は、やむを得ないものだったろう。消えた文化財もあれば、残った文化財もある。いま、親水空間が戻り、多くの人を楽しませている。うれしいことです」。

注…江戸時代、仙台堀と呼ばれた水路は、昭和四〇年（一九六五）の河川法改正で、砂町運河と合わせ、「仙台堀川」と名称変更した。

コラム　葛西船と下肥ビジネス

東京都葛飾区立石の伊東家には、下肥取引に関する江戸時代末の文書数通が残されている。

それによると伊東家は、江戸時代末から明治にかけて、江戸の下肥を中川流域の曲金（現・葛飾区高砂）、戸ケ崎（現・埼玉県三郷市）、木曽根（同八潮市）などの地域に船で運び、売りさばいた。くみ取り先は本所菊川町の大久保肥後守邸などで、大久保邸には安政五年（一八五八）から三カ年にわたり、二二両二分を支払っている。さらに伊東家は本所林町の長屋の下肥汲み取り権も有しており、これらも江戸近郊の農村に運び売却した。大正五年（一九一六）まで下肥取引に関する文書が残っている。

下肥の仲介はもともと、富裕な農家の副業として始まった。前記の伊東家の他、足立区佐野新田の佐野家、埼玉県吉川市の戸張家などが携わっていた。また、葛飾区水元飯塚、新宿、奥戸、奥戸新田などにも業者が多く、新宿にはこれらの商売に携わっていた人たちがつくった「水神講」の、昭和三年（一九二八）銘の絵額が、神社に奉納されている。

「図録」には、葛西船に関わった人たちの声も収められている。長船（葛西船）を製造したことのある千葉県八潮市新田の船大工飯塚明によれば、葛西船の長さは一六メートルくらい、幅は約二メートル。船の底に当たるシキの長さは六間四尺（約一二メートル）で、大きさ五尺一寸（約一・五メートル）の「せいじ」がついていた。「せいじ」とは、船のこぎ手が休憩したり宿泊したりするための部屋。船室との仕切り板にはヒノキを使ったが、これは芳香を放つヒノキが、下肥に沸くウジの「せいじ」への侵入を防ぐためだった。

明治二〇年代（一八八七〜）になると、下肥に対する取り扱いも変化、下肥を運ぶ時間や船に積み替える時間の制限が出てくる。こうした変化の中で、運搬船が大型化した。

「図録」には昭和二〇年代（一九四五〜）に綾瀬川を航行する葛西船の写真が収められている。同館では、葛西船の終わりは昭和四〇年代の初め、とみている。化学肥料の登場と普及、水洗トイレの広がり、そして人々の衛生観念の変化など、複合要素が葛西船を終わらせたとみられる。

第六章——磯子の海、そして江戸湾

磯子村は海の村でもある。そして江戸中期以降の、磯子村を含む江戸湾の状況は複雑だ。漁労と流通が、ともに矛盾、対立を内包しながら進行、時に両者が絡み合うからである。

1　磯子の浜

「漁労の海」からみていきたい。江戸内湾には俗に、「西に四十四浦、東に四十浦」といわれる八四の浦（海辺の村）がある。われらの磯子村もその一つだ。小さいながら湊を持ち、船一〇艘を持つ。

明和六年（一七六九）の村の書上帳（堤家文書一―一三六）には、こうある。

覚

星合玄蕃知行所
武州久良岐郡磯子村

一　船高拾艘
内
伍太力壱艘　彦兵衛◯印

猟　船壱艘　　　　　　　　庄三郎名改
　　　　　　　　　　　　　　安兵衛○印
同　船壱艘　　　　　　　　忠三郎名改
　　　　　　　　　　　　　　多郎兵衛○印
同　船壱艘　　　　　　　　勘四郎名改
　　　　　　　　　　　　　　杢兵衛○印
同　船壱艘　　　　　　　　　　新七郎○印
猟　船壱艘　　　　　　　　　　長兵衛○印
同　船壱艘　　　　　　　　　　新助○印
同　船壱艘　　　　　　　　甚平名改
　　　　　　　　　　　　　　磯右衛門○印
同　船壱艘　　　　　　　　　　平右衛門○印
押送船壱艘　　　　　　　　　　弥右衛門○印
　　　　　　　　　　　　名主　理右衛門
〆拾艘
此船役永六百七拾弐文、地頭方江取立申候

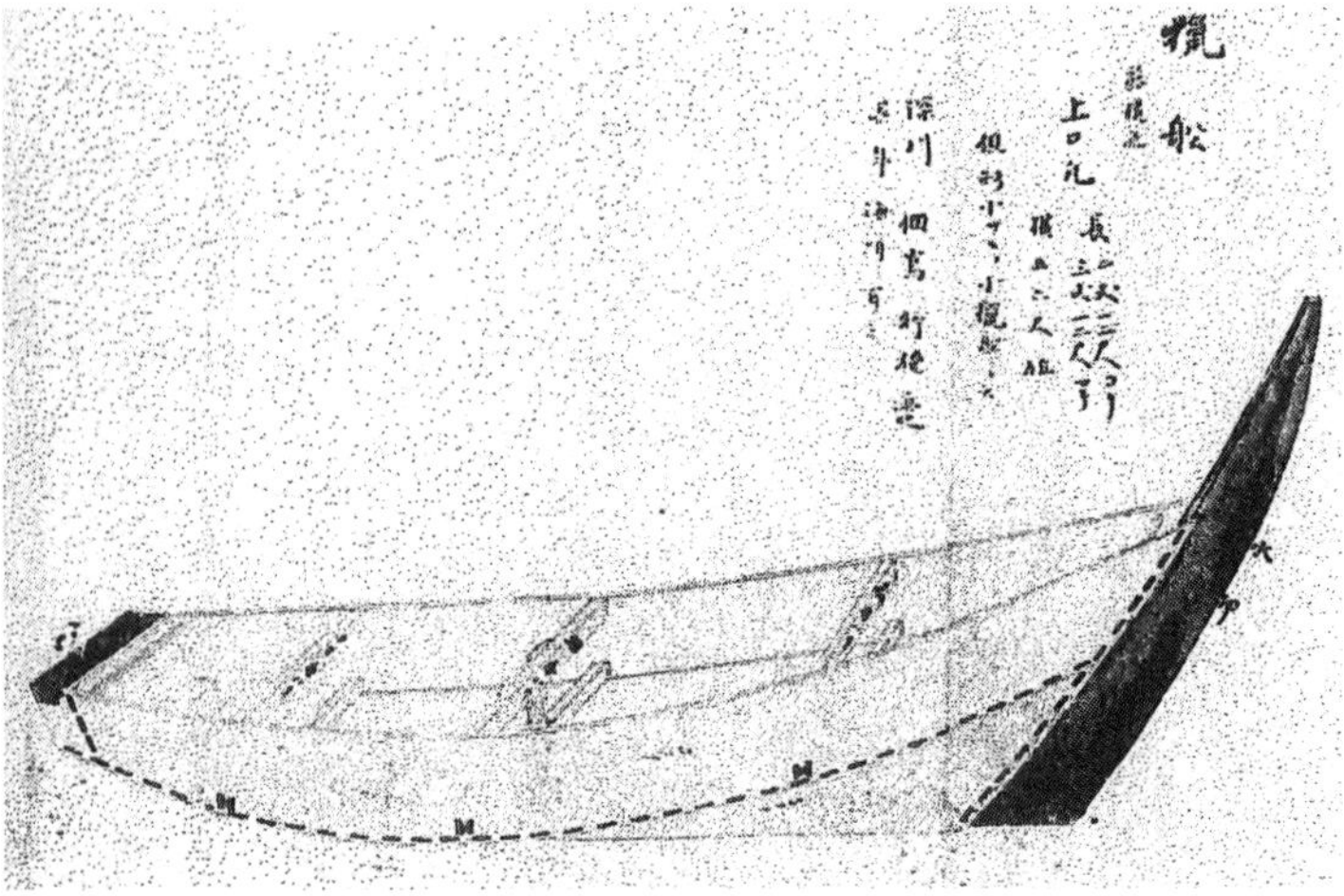

獺船（船艦より）

五太力船（船艦より）

其外浦役・諸役共前々の通相勤め申候

因みに「伍太力船」は、喫水が浅い細身の小型廻船で、海河両用。海上では帆で航行するが、河川に入ると帆を倒し、竿で操船する。「五大（太）力船」とも表記する。

ここに記されているように、磯子村の猟師たちは一〇艘の船を持ち、領主の星合家に船役銭として年に永六七二文を納めていた。ここには書かれていないが、ほかに御祝儀と思われる永二一文も。加えてひらめなどの御菜も上納していた。

磯子村の猟師(注)が獲っていた魚介類は、ヒラメ、アイナメ、セイゴ、カレイなど。漁法は地引網、手繰網、藻引網、小網の四つだった。

注…江戸期の古文書では通常、「漁師」でなく「猟師」と記す。

古くからの歴史を誇り、将軍家に高級魚を献上、代わりに他の浦での操業も許されたエリート格の浦・御菜《おさい》八カ浦（芝金杉・本芝・品川・大井御林・羽田・生麦・子安新宿・神奈川）には及ぶべくもない磯子村だが、近隣の滝頭村、森公田村などには船数などでも遜色はない。『新編武蔵風土記稿』も久良岐郡の海の項で、「此海岸ノ村々多ハ漁ヲ生産ノ資トス其内磯子村ノ邊漁者最多シ」と記している。磯子村では岡名主と別に浜名主も置いていた。

安永六年（一七七七）秋の某日、濱蔵が太郎兵衛の家をふらりと訪れた。濱蔵は太郎兵衛の三つ年下のいとこで、猟師。思慮深く、少しアバウトなところのある太郎兵衛とは対照的だが、不思議と馬が合う。このところいま一つ元気がない濱蔵の口から、この日、珍しく愚痴が漏れた。

「獲れた魚の売値が、魚問屋に低く抑えられている。仲間のうちには問屋売りを避け、こっそり脇売り、抜売りをする者もいるが、それはやりたくないし……」

磯子村の猟師は、江戸の長浜町魚問屋七兵衛（伏見屋）から仕込金を借り、代わりに漁獲物をすべて伏見屋に納める約束を交わしていた。

小一時間、太郎兵衛宅で懇談。辞すとき濱蔵はこう言った。

「海が狭くなった。魚問屋に縛られず、ご先祖さまが、村の前面の海で漁をしていたころはきっと、もっとゆったりと、豊かな時間が流れていたと思うんだ……」

そう言って立ち去る濱蔵の背が、少し寂しそうだった。

2　魚問屋と仕込浦、付浦

濱蔵の嘆きを追っていくと、魚問屋問題に行きつく。江戸期全体を通じ、「魚問屋対猟師」の対立、葛藤は深刻だった。この間の事情は、『日本橋魚市場の歴史』（岡本信男、木戸憲成著）に詳しい。

天正一八年（一五九〇）の徳川家康の江戸入府は、江戸内湾沿岸の半農半漁ののどかな村々の姿を一変させた。江戸の町人人口は、寛永一一年（一六三四）には、はやくも約一五万人、武家人口を加えればその二倍の約三〇万人となる。その江戸の人びとに魚介をどう供給するかは文字通り喫緊の課題だった。

摂州西成郡佃村（現・大阪市）の名主森孫右衛門が、佃・大和田両村の漁民三〇余名を引き連れ、家康と共に江戸入りする。そして日本橋本小田原町の河岸地を拝領、江戸近辺の海、河で漁業に従事する許可を得た。高級魚を幕府に責任をもって納める「御菜肴調達」の御用を引き受け、残余の魚介を市中で販売。慶長年間（一五九六～一六一五）に売り場を日本橋本小田原町に開設する。これが日本橋魚市場の起源だ。日本橋本小田原町・本船町の御用魚問屋が日々、幕府御膳所へ高級魚介を届け、市場に集まる問屋も次第に増えていった。

そうした魚問屋は、御用の特権を最大限に利用、江戸内湾の漁村を次々と仕込浦とした。新造船から漁具にいたる仕込み資金を漁民に貸し付け、その見返りに、漁民が獲った魚介類のすべてを納入させる。「問屋資本の強い規制力が、漁村に働く仕組み」で、「この規制力をてこにして、御菜肴調達上の危険や損失を荷主である漁民に転嫁できた」(『神奈川県史　通史編3』)。漁民側の脇売り・外売りは一切、認められない。漁村は魚問屋に「従属」した。また、正式に仕込浦にならない村(浦)も、村に入り込んだ仲買人を通じて問屋から借金。多くの村が仕込浦同様に「従属の村」になっていく。

寛文一三年(一六七三)八月、本小田原町組、本船町組の魚問屋が、それまで五パーセントであった口銭を、浜方の合意もなく一方的に六パーセントに引き上げることを通告する。相模国三浦領と武蔵国金沢・本牧領の浜方一七カ浦は猛反発、延宝二年(一六七四)七月、魚問屋を相手取り、問屋資本の実態を暴露し、漁村の窮状を勘定奉行へ訴え出た。勘定奉行の裁決は「漁民はどこへなりとも勝手に魚介類を送っていい」だった。しかし、一七カ浦側には約三二九〇両の魚問屋からの借金があり、それを返済しなければ新しい売り先を探すことなどできはしない。

そんな中で、日本橋本材木町の家持九人が名乗りを挙げた。九人が持家を担保に幕府に六〇〇〇両の借入れを申し込み、許可される。この六〇〇〇両を、「漁民の魚問屋への返済資金、漁具仕込資金、魚問屋新設資金」にあて、本材木町一・二丁目に、同年一一月に新しい肴場が開設された。これを「新肴場」、日本橋本小田原町の方を「古肴場」と呼ぶ。

新肴場は、訴えを起こした武州・相州一七カ浦と新たに加えた相州の一四浦、計三一浦を付浦とした。付浦は、獲れた魚介のすべてを新肴場に送ることを義務付けられる。磯子村はこれには入っていない。

この新肴場について、かつては「漁民が勝ち取った漁民のための新肴場」と評価する向きもあったが、それは当たっていない。新肴場の目的が、「付浦を増やし、江戸への魚介類の供給増を図る」であったのは明白で、それ故に幕府も、ポンと六〇〇〇両を貸し付けたに違いない。また、新旧の魚市場は、対立などしていない。

新肴場から幕府への六〇〇〇両の返済方法は、「新肴場への送り魚の仕切り高の一割を取り、その五分を問屋口銭とし、三分を町入用に、二分を溜金として残し、この溜金を魚問屋と浦方とが立ち合い勘定をし、一年に二五〇〇両宛五か年賦をもって完済」というものだった。

新肴場に組み入れられた漁民から、幕府への借金を返済し終えた後は、「どこの市場にも魚を出せるよう」との要望が出されるが、幕府はこれを認めない。漁民も、問屋の資金をあてにすることなしには、船や網の新造は難しいという事情を抱えており、幕府の許可なしには「問屋の軛《くびき》」から離脱することはできない。江戸期を通し、結局、根本的な仕込浦制度の改善、改革は実現しなかった。

なお、吉田伸之『成熟する江戸』によれば、江戸の魚市場は一八世紀以降、既存の日本橋魚市場、新肴場のふたつに新たに芝雑魚場《ざこば》魚市場、四日市魚市場が加わり、市場数は四つとなった。日本橋魚市場には本小田原町組、本船町組、本船町横店組、安針町組の四組の魚問屋仲間が属し、鮮魚と塩干魚を共に営業する権利を持った。四組のうち徳川家康の江戸入城以来という本小田原町組と本船町組は、日本橋魚市場「始原」として、「古場《ふるば》」とも呼ばれた。

新肴場魚市場は鮮魚のみの扱い。芝雑魚場魚市場には芝金杉町組、本芝町組の二組の魚問屋が属し、鮮魚のみを扱った。そして四日市魚市場には四日市組、小舟町組の二組が属し、塩干魚を扱った。四日市、小舟町の二組の塩干魚問屋仲間については、その成立がいつか確定できていないという。

3　棒手振り登場

幕末が近づくにつれ、新たに〝小さな挑戦者〟が出現、魚の流通機構の末端を揺さぶり、緊張させる。その名は「棒手《ぼて》振り」「棒手商人」。彼らの登場がいつかは、はっきりとはしないが、天明八年（一七八八）には、その名が記録にみえ、さらに慶応二年（一八六六）の永嶋家文書（神奈川県横須賀市）では、「近年になって百姓が豊かになって来たため、漁師の内策略のある者が商人の様に心掛けてなったもの」と、その起源が説明されている。

天秤棒を担いだ一匹狼的なスタイルで、魚問屋主体の流通ルートの末端で、〝ゲリラ的活動〟を展開したと思われる棒手振りグループ。彼らは、猟師が「自家用として持ち帰った魚、神事・祭事用と称して持ち帰る魚、下魚と称して持ち帰る魚等を買い集めることから始まり、高級魚にも手を出し、幕末には、大量に魚の売買を行うようになった」（『神奈川県史通史編3』）。棒手振りには猟師兼業も多く、海上へ出漁したとき、同業の者から沖合で魚を買ったケースも多かったといい、魚問屋にとって、何とも厄介な存在だったことは疑いない。ただ、彼らの〝功績〟は、既存流通ルートの末端に風穴を開けたことで、「問屋—仕込浦・付浦」の資本関係、従属関係を根底から変えるには至らなかった、とみ

渡辺崋山　一掃百態　棒手振り（岩崎美術社）

るべきであろう。

そうだとすれば、「変わらぬ問屋支配」に、濱蔵のような脇売り、抜売りを潔しとしなかった猟師たちの鬱屈や嘆きはやはり、消えることはなかったのではなかろうか。

　棒手振りの存在が、大きく注目される出来事が起こる。明治維新まであと三年の元治元年（一八六四）一二月二九日、禅馬（磯子村の小名のひとつ）の浜に長さ九尺余（約二・七メートル）の大鮫が漂着、大騒動となる。その顛末については、葛城峻『やぶにらみ磯子郷土誌』が味わい深い省察、推論を展開している。同誌に拠りながら、騒動のさまと棒手振りについてみてみたい。

大鮫の漂着は、暮れも押し詰まった一二月二九日。さっそく地頭所に届けが出され、村人への払い下げが認められる。さあ、どうするか――。誰かの発案で、入札となる。年の明けた一月六日、下大岡村の名主（忠左衛門）が六〇両、神奈川新町の魚問屋（与平治）が七〇両、そして横浜本町の魚問屋（肥前屋七蔵）が何と一三〇両で応札、七蔵が落札する。しかし、七蔵が江戸で売買交渉をしている間に鮫は腐り出し、現地で切り捌きとなる。「これでは売れない」と七蔵が辞退、最終的には滝頭村の棒手振り磯次郎・浅治郎が四〇両で買い取り、「切り取り候内、少し宜しき処」を売り捌くという形で決着した。

ここからは、棒手振り・磯次郎になり代わっての、筆者の「妄想」である。

磯次郎の独白――。

オレは三年前に棒手振りになった。それ以前は猟師。だから船で沖へ出て、昔の猟師仲間から高級魚を仕入れることなんて、わけはない。なに？　抜け売りではないか、というのか。その通りだが、猟師の中には魚問屋に痛い目にあわされ、反感を持つ者も多いんだ。いま、高級魚は、東海道筋の宿場へ持って行けば、飛ぶように売れる。大きな声では言えないが、そこそこ蓄えもできた。二人で四〇両を用意することなど、さして難しくはない。もちろん、少しの間、金貸しから借金はするがね。

さて、鮫肉をどうするか。そうだ、高級魚の取引で知り合った居留地の外国商館勤めの中国人買弁に話を持って行こう。彼らは知恵者で、豊富な人脈もある。「鮫の肉は珍味で、強壮、長寿の妙薬。特に大鮫の場合は効果抜群」などと売り込めば、好奇心旺盛で金持ちの外国人を紹介してくれるのではなかろうか。善は急げだ。さっそく、知り合いの買弁に商談に行こう。紹介料は、…そうだなー。高級魚かな。

（ここまでが妄想。なお、「買弁に売る」も、葛城氏の推理です。）

二人の棒手振りに売った分の他は、やがて腐敗が進み、恐らく肥料用などとして安値で、農家などに売却されたと思われるが、その後を語る文書は残っていない。

さて、この顛末をどう見るか。魚問屋、町場の商人らが「捕らぬ狸の皮算用」に奔走し、失敗したのに対し、末端の、現場をよく知る棒手振りが、結局、最終局面を仕切り、決着させた。その手腕は瞠目に値する。棒手振りの登場がなければ鮫は腐り果て、村人を落胆させたことだろう。

しがない小商人と思われていた棒手振りが、四〇両の大金を用意、最終局面を仕切る〝したたかな実力者〟になっていた――。彼らの現実的な判断、存在感がひときわ光る、と私にはみえるのだがどうであろうか。

4 海は乱戦模様

漁労の海では、付き浜と魚市場との対立だけでなく、漁民同士の対立、抗争も、時代と共に高まっていく。

仕込浦、付浦が増え、漁具が新しくなった分だけ、海での漁民同士の紛争は増加した感がある。紛争の形は大きくいって二つ。「漁具・漁法」をめぐるものと、「漁区」をめぐるもので、主なものを表に掲げた（内田四方蔵「横浜の漁業」、『幕末の農民群像』所収）。

まず、漁法・漁具について――。

江戸内湾は遠浅の、深く陸地に入り込んだ入江である。漁村や漁民の数の割に漁業資源は乏しい。回遊魚は内湾周辺の漁業の発展で次第に、内湾に入り込むことが少なくなって

地先漁場をめぐる争い一覧表

年　代	訴訟方→相手方	内　　　容
延宝４（A）	神奈川浜→本牧	神奈川湊まで御菜八カ浦漁場、本牧前へは入らない。
延宝５（B）	野島浦→三浦郡４カ浦（浦郷・長浦・横須賀・公郷）	浦郷夏島根付より内へは野島浦は入会わない。
元禄９（B）	磯子村→根岸村・滝頭村・森村	磯子村地曳網漁に妨害しない。
元禄14（B）	野島浦→上総国富津村	野島の漁船９、漁夫26人、富津沖で操業中捕えられる。富津地先３里以内に入込むのは不法とされる。
正徳４（A）	羽田浦・御林町・生麦村・神奈川猟師町・芝生村→深川猟師町	貝類巻猟はその浦限り、野毛・本牧浦も磯付貝類巻猟一切入会わない。
享保２（B）	浦郷村→野島浦・室の木・洲崎村・六浦・町屋村・小柴村・富岡村	入漁料を出さないでは夏島の根付より内へは入込まない。
延保３（B）	磯子村→滝頭村	磯子村地引船は中原村沖より本牧本郷村まで10カ所で地引網渡世、根岸・滝頭・森の３カ村はこれを妨害しないと約束、ただし滝頭村前の海と千洲方30間は除外。
明和７（A）	神奈川猟師町・新宿浦→小柴村	従前通り小柴村へ入会漁業を認められる。
嘉永４（A）	神奈川猟師町・根岸村・滝頭村・磯子村・森村→鴨居村字三軒家	走水沖合富津元洲下で操業中、不法の始末、以来妨害等しない。

注・(A)は「神奈川本陣石井家資料」、(B)は『横浜市史二巻』により作成

内田四方蔵（「横浜の漁業」より）

漁法をめぐる争い一覧表

年 代	関 係 村	内 容
安永3	神奈川猟師町・新宿村・生麦村等御菜八カ浦申合	六人網板狩停止、他の浦々も同調。
寛政11	生麦村・新宿村・神奈川猟師町等28カ村→本牧村・上総国小久保村	新規かつら網禁止、本牧村は全面的廃止、小久保村は御高入運上場限り操業承認。
享保1	上記28カ村→本牧村	かつら網禁止、本牧村は鵜縄鯛網と強弁したが、結局禁止。
文化3	新宿村・神奈川漁師町・野毛村・横浜村・北方村・本牧村・根岸村・滝頭村・磯子村・森村・中原村・杉田村・富岡村・小柴村・野島浦議定	板狩と称する新規漁具禁止。
文化4	各浦々→横浜村・北方村 野島浦・小柴村・富岡村・杉田村・森公田村・森雑色村・森中原村・磯子村・滝頭村・根岸村・本牧本郷村・野毛村・北方村・横浜村・神奈川猟師町・新宿村・生麦村等32カ村議定	両村は一ツ橋家依頼と称してかつら網操業、詫び状で中止、内済。 新規の大網職、新規の漁具・猟法は組合浦々相談の上支障のない場合のみ使用。承認のない漁具・漁法は取揚げる。
文化13	江戸内海44カ浦会合	毎春1回参会、新規漁業の停止、百姓村へも通達、不法の浦方は訴える。
文政9	44カ浦組合→御菜8カ浦	青木町と南品川宿の者2人が尾州家御用として本牧沖でかつら網出願を8カ浦が承認したと訴え、両人は不当を認め謝罪。
万延1	大井御林町（御菜8カ浦・久良岐郡13カ村・三浦郡8カ村・上総国15カ村支持）→芝金杉町・本芝町	えび桁網禁止。

注・『横浜市史第二巻』

内田四方蔵（「横浜の漁業」より）

いた。そんな中で、網に「ぶり木」という板、数百枚を結び付け、その音で魚を追いこみ、大網でごっそり捕獲、海底を荒らし、産卵場所をも奪うような「かつら網漁」を続けていれば、乏しい資源は枯渇する。こうした漁法を用いることは、自らの首を絞める愚挙である。

さすがに漁業資源を枯渇させかねないこの漁法への批判、反省の声は高まり、文化一三年（一八一六）六月、神奈川浦に、武蔵、相模、上総（現・千葉県）の四四カ村の名主が参会、伝統的漁業技術三八職（三八種の漁法）を前提とし、新技術を抑えていくことで合意する（「内海議定」）。伝統の三八職には、手繰網、縄船、地引網、たたき網、六人網などが列記されている。こうした合意、議定がなければ、江戸湾の漁業資源は、早期に枯渇したに違いない。現在の磯子区からは磯子村、滝頭村、根岸村がこの会合に出席している。公儀の力を借りることなく、漁民同士で、いまでいう「持続可能な海」を申し合わせたことは高く評価されていい。江戸湾の猟師は、機会あるごとに、情報交換し、親善を重ねており、その成果ともいえる。

漁区をめぐる争いでは延享三年（一七四六）六月、磯子村名主利右衛門・甚平らが訴訟人となり、滝頭村名主弥太夫らを相手取って訴えを起こしている。磯子村側の主張は次のようなものだった。

磯子村は中原村沖より本牧本郷村までのうちに、地引網場一〇カ所を持っており、そこで地引網渡世を続けてきた。それを滝頭村は一方的に、自村内における磯子村地引船の操業禁止を通告してきた。以前の紛争時に交わした證文でも、中原村沖より本牧本郷村までのうち、いずれの場所でも磯子村が地引漁をしていいことになっている。

この訴訟は内済（示談）となり、磯子村の主張が認められる形で終わるが、注目されるのはこの訴訟に、日本橋長浜町魚問屋（古肴場）の伏見屋七兵衛が加わっていることだ。磯子村は借金で、伏見屋、そして古肴場に縛られていた。

宝永四年（一七〇七）四月、森村と磯子村の一二人が連判で、伏見屋七兵衛代、磯子村甚平（名主）宛に金一両の預かり証文を書いているし、正徳二年（一七一二）一二月の磯子村平右衛門の、七兵衛宛、二両二分の預かり証文には、「獲れた魚介類はすべて貸主に送る」と書かれている（内田四方蔵「横浜の漁業」、『幕末の農民群像』所収）。こうして濱蔵を含め、磯子村の漁民は、がっちりと古肴場に組み込まれていったのだった。

なお、ここに名前が出る甚平は、「浦方一円の手継」（村の集荷責任者）。七代目磯右衛門、勇吉こと八代目磯右衛門、国蔵こと九代目磯右衛門と、代々堤家にその役が引き継がれている。

明和七年（一七七〇）の、神奈川猟師町・新宿村と小柴村との入会をめぐる紛争でも、仕込関係によって利害が一致する魚問屋が漁場論争に参加。問屋と漁村との関係は切り離せないものになっていることがうかがえる。

なお、房総沖などにはイワシやカツオを追って紀州など関西からの出稼ぎ漁民が来ていたが、彼ら出稼ぎ漁民はなぜか、「旅漁師」という美しい言葉で呼ばれる。

5　兼業猟師

ここからは「流通」に軸足を置いて話を進める。江戸の人口は、時代を追って増加する。町場の人口だけで、明暦三年（一六五七）には約二八万人、元禄六年（一六九三）には約三五万人、享保六年（一七二一）には約五〇万人とみられる。これに武家人口を加えると、享保期には江戸の総人口は百万人に達した、と推定される。

江戸に届けなくてはならないのは魚介類だけではない。米はもとより、薪炭も江戸の人びとの生活必需品で、武州、相州などの村々から江戸へ送り出される。江戸からは、米、醤油、塩、荒物などが内陸部の村々に送られた。一大流通圏の成立である。

『横浜市史第二巻』に、こんな記述がある。

「（磯子村には、享保八年）十艘の船（五大力船一、猟船九）があり……これらの船は江戸内川への運送にもあてられ、それによって年貢米や菜魚が地頭に納められた」

横浜開港資料館館長・西川武臣も、「五大力船だけでなく、猟船も年貢米を運んだ。小さいとはいえ、陸路の馬に比べれば、はるかに多くを運べる。それに江戸内湾の猟船は、中世末からさまざまの物資を運んでいた」という。

江戸内湾の猟師は実は、漁労と流通の二つを担う「兼業猟師」だったわけだ。ここにはもはや、「自然と対話し、風に聞き、潮目を読んで漁《すなど》ることを専らとする」という、従来の猟師の姿はない。

6　神奈川湊VS江戸十組問屋

江戸湾での流通で、最も激しく対立したのは神奈川湊の問屋と、江戸の十組問屋《とくみどんや》であろう。

神奈川湊は古い歴史を持つ湊だ。慶長一九年（一六一四）から元和元年（一六一五）にかけ、一九人の猟師が「大坂の陣」に出陣した。江戸内湾の外でも自由に航海できる技術を持った専門家集団であったのだろう。彼らはその功で、持ち船に刻印を受け、江戸との物資輸送を許可される。さらに享保六年（一七二一）には一〇軒の廻船問屋が幕府から、その活動を正式に認められ、神奈川湊の出入物資を独占的に扱うことになる。神奈川湊は次第に、江戸湊をも脅かす「江戸内湾の廻船の拠点」としての位置を獲得していった。

一方、江戸では、菱垣廻船の荷を一手に扱う江戸十組問屋が生まれ、享保時代（一七一六～一七三六）には幕府公認の株仲間となった。菱垣廻船は、江戸・大坂間の主要幹線航路に就航して、木綿・油・酒など大量の日常消費物資を江戸へ輸送する廻船である。

その享保年間、江戸での、米を除く諸物価の高騰に悩んだ幕府は、この江戸十組問屋に物資を集中させ、問屋を通じての規制で物価安定を図る――という筋書きを考える。そのためには江戸の手前の神奈川湊での、菱垣廻船の「途中揚げ」を禁止するのが一番の策だ。享保八年（一七二三）一〇月、神奈川湊にとって大打撃のこの策が実施となる。江戸十組問屋側からの強い働きかけがあってのことであろう。「江戸ＶＳ神奈川」の抗争の第一ラウンドは、江戸の「政治力」が勝利したようにもみえる。

幕府公認の物流幹線ルートから外された神奈川湊は、必死で生き残り策を探る。そして規制を受けていない知多半島（現・愛知県）の廻船集団・内海船《うつみぶね》で西国からの物資を受けいれて荷揚げ、江戸を中継する正式な交易ルートとは異なる「神奈川湊を中継地として、北関東や八王子と結ぶ新たなルート」をつくり上げていった。内海船については後述する。

神奈川湊、さらには品川湊と、有力湊を外した「江戸一極」ともいえる流通機構が完成するのだが、「文化・文政（一八〇四〜一八三〇）のころ、この機構が揺さぶられることになる」と西川武臣はいう。

神奈川湊や品川湊が、菱垣廻船の荷揚げを禁止された時、浦賀湊（現・神奈川県横須賀市）だけはこの規制を受けず、江戸湊とともに特権的に菱垣廻船などの千石船の荷揚げを許可された。浦賀湊は江戸内湾入り口に突き出た三浦半島に位置し、水深が深く、「平戸よりはるかにいい」（イギリス東インド会社ジョン・セーリス）と称賛された良港で、関西との海上交通には欠かせない湊である。この浦賀湊だけ、菱垣廻船の荷揚げが許された理由はおそらく、江戸と距離が離れているため、江戸の物価に与える影響は小さいと判断されたのであろう。

「こうして菱垣廻船の運ぶ物質は、元禄七年（一六九四）に結成された江戸問屋の業種別の同業組合である江戸十組問屋と浦賀湊が独占することになり、西国から送られる物資は、

①西国↓江戸問屋・各地の商人　②西国↓浦賀湊の商人↓江戸の仲買・小売　③浦賀湊の商人↓品川湊や神奈川湊などの東京内湾の湊↓内陸の町村という流通ルートで販売されるようになった」(『新横須賀市史　通史編近世』)。

文化・文政期、「浦賀湊↓神奈川湊」のルート(③)が急浮上、浦賀から神奈川湊に、菱垣廻船の荷が送られるようになる。神奈川湊の後背地には八王子宿(現・東京都八王子市)や厚木町(現・神奈川県厚木市)を含む武蔵国、相模国にかけての広い経済圏が広がり、この時期、民衆の経済力が大きく向上したことが、同ルート浮上の背景とみられる。

浦賀湊側からみれば、江戸湊の手前の神奈川湊に送る方が手間も費用も省け、なにかと好都合だ。神奈川湊は「待ってました」である。もちろん、江戸十組問屋側がこれを座視したわけではない。再三、「菱垣廻船の浦賀入津禁止を」と幕府に申し出たが、浦賀側は「神奈川湊に送っているのは内海船のもの」などとかわし、菱垣廻船の浦賀への入津禁止は実現しないまま、幕末、維新になだれ込んでいく。

前述のように神奈川湊は、廻船集団・内海船で西国からの物資を扱い、江戸を中継する正式な交易ルートとは異なる「神奈川湊と北関東・八王子とを結ぶ新たなルート」を、必死でつくり上げていた。文化・文政期、浦賀湊からの物品が届くことで、神奈川湊と後背地との結び付きはいっそう強化される。そしてこの、強化された「江戸と異なるルート」

こそが、後に「絹の道（シルクロード）」となる。多摩丘陵の「桑都」といわれた八王子と、生糸貿易の拠点の横浜港を結び、開国、維新期の、ヨチヨチ歩きのわが国の経済を大きく支える。第二ラウンドの勝者は、神奈川湊ではなかったろうか。

さて、安政六年（一八五九）に横浜が開港され、通商条約を結んだ諸外国との「自由貿易」が開始される。横浜港の安政六年下期の輸出品の中で、生糸は早くも全体の七割以上を占める。その後、明治前期においても横浜港はわが国最大の貿易港であり続ける。そして、わが国の全輸出の六〇～七〇％を占める横浜港の輸出品目の筆頭は、生糸だった。

内海船についてみたい。内海船とは尾張国（現・愛知県）知多郡の内海を中心とする廻船集団の名称で、その船数は文政一一年（一八二八）には九七艘に達していた。このころの主要な廻船集団である菱垣廻船、樽廻船に比較しても、その船数に迫る「相当な海運勢力」だった(注)。

この内海船の活動を支えたのが「戎講《えびすこう》」という廻船仲間組合の存在だ。斎藤善之「『戎講』の仲間船・諸国商人統制」（『知多半島の歴史と現在　第三巻』）にこうある。

青木美智男氏は、「（内海の旧家に残る）戎講文書」に多数含まれる諸国商人からの書簡を検討し、戎講の機能として、次のような点を指摘したのである。

①戎講の目的は個々の廻船に代わって諸国商人とコンタクトをとることにより、それらの商人との間に厚い信用関係を創出し、市況情報などを収集すること。

②そのような信用関係を維持するために、仲間船の営業に対する諸国商人からの苦情を取り上げ、問題を処理して信頼関係を回復すること。

③災害に見舞われたり、経営不振に陥った諸国商人への合力（助成）や、宗教施設への勧進、湊や燈明施設への資金助成などをおこなうこと。

④いっぽうトラブルをおこした相手商人に対しては、仲間船全体の入船停止処分をおこない、仲間船に対する不正行為の防止に努めること。

⑤こうした様々な行為を通じて、戎講は個別廻船では処理できない諸問題を解決し、個別廻船が活動しやすい営業環境を創出して、仲間廻船の飛躍的展開をもたらしたこと。

内海船は、取引相手を必ずしも株仲間に加入しているような特権商人ばかりに限らず、権力との関わりも希薄で、「近代の社会集団につながるような性格」を持ったという。

幕末、幕府の規制に縛られる菱垣廻船などが延着や高運賃が表面化するのに対し、内海船は速さと低運賃で顧客を増やしていく。また、菱垣廻船や樽廻船のように運賃で利益を得るのでなく、内海船は荷物を買い取って湊々で商いをする「買積船方式」だった。幕末の激動期、自由な運航形態の内海船は、経済の変動に柔軟、迅速に対処できたのである。

こうした内海船の研究では、日本福祉大学知多半島総合研究所の研究機関誌『知多半島の歴史と現在』が注目される。第三巻に、前記の斎藤善之「『戎講』の仲間船・諸国商人統制」、第六巻に、同「下り米流通機構の変容と内海船」、第八巻に石原佳樹「内海船と四日市をめぐる流通」、第一一巻に曲田浩和の「大坂登り下り船問屋と内海船」などの論文が載る。

同研究所は一九八八年に、学内に設置され、地元知多半島の五市五町の首長を「特別顧問」に据え、政治、経済だけでなく民俗も取り入れ、総合の学として「知多半島の歴史」研究に取り組んできた。どこか、フランスのアナール派の歴史研究、その代表的な成果のフェルナン・ブローデル『地中海』を連想させる。初代の所長を務めたのは足立省三。中部地方を代表するジャーナリストだった人物だ。

注…菱垣・樽廻船の正確な船数の推移は明らかでないが、石井謙治は、天保期の菱垣廻船は、問屋仲間の所有船はわずか三六艘で、大半は紀州廻船六〇艘のチャーターによっていた、とみている。

7　海へ出て行く人々

流通の時代を「待っていた好機」ととらえ、果敢に挑戦していった者たちがいる。磯子村の隣村・森公田村の斎藤清右衛門（天保一四年に清四郎から清右衛門に改名）などが代表例だ。ただし彼は漁民ではない。斎藤家は森公田村の組頭などの村役人を務め、明治二年（一八六九）には、当主清右衛門が浜田与兵衛から名主を引き継ぎ、年番名主を務めている。幕末から明治初期にかけて、斎藤家の経営は活発で、近隣各地からの年貢米の江戸への運送、近郷村々の山の薪木伐採を請け負い、伐りだした薪を煮炊き用燃料として江戸の薪問屋に運び、販売している。

江戸内湾沿いの村々の山や林は、「江戸の燃料庫」だった。この時代、炊事などの家事や暖房、仕事場の動力源など、ほぼすべてが薪炭だったから、薪炭は、いまでいえばガス、電気に相当する最大のエネルギー源である。

清右衛門は自らも山を所有、冬場、人を雇って山の木を伐採、自分の船で江戸に運ぶだけでなく、傭船での輸送も行っている。文政八年（一八二五）、清右衛門（当時は清四郎と名乗っていた）が、小廻り廻船の五大力船建造を、磯子村の大工松五郎に依頼した文書（「五大力船定之事」斎藤家文書　商業金融・冊2）も残されており、彼の本腰がうかがえる。

明治初年、斎藤家が薪の購入で関わりを持った村は、滝頭、磯子、矢部野、田中、杉田（以上、現・横浜市磯子区）、関、上大岡、吉原、松本、上永谷（以上、現・港南区）、鍛治ケ谷、公田（以上、現・栄区）、舞岡（現・戸塚区）の一三村にものぼる。幕末もほぼこれらの村々と取引していたものと思われる。

斎藤家が江戸にどれほどの薪木を送ったかのまとまった数字はない。だが、斎藤家は天保一三年（一八四二）、に廻船問屋として、百両の御用金を上納するよう旗本領主から命じられており、「薪木の江戸輸送で膨大な利益を上げていた傍証」とも思われるが、どうであろうか。斎藤家側は「船具諸色等高直ニ而年々暮方逼迫」としぶとく減額交渉し、半額の五〇両にまけさせた模様だ。

磯子村の堤家第一〇代の磯右衛門もまた、「海へ出ていった人々」の一人である。彼には、後の章で登場願うので、ここでは簡単に触れるにとどめたい。

天保四年（一八三三）、九代目堤磯右衛門と妻モンとの間に生まれ、弘化四年（一八四七）、父が病死したため家業を継ぐ。一五歳だった。そしてペリー艦隊が浦賀にやって来た嘉永六年（一八五三）、二二歳で百姓代に。この年、幕府が着工した品川台場建設の一部を請け負い、近辺の一〇人の百姓と共に、磯子村とその近辺で産する泥岩の土丹岩を船で品川に積み出している。これがいわば海での彼の初仕事だ。磯右衛門の仕事の特徴は公共事業とのかかわりを重視すること。後に、横須賀製鉄所建設などにかかわる中で、外国人技術者、政府関係者などとの間に太い人脈を築き、後日、西洋式石鹸の初の国産化の成功、販売につなげていく。百姓の出自ながら、新しい時代の担い手になっていった代表的人物といってよかろう。

同じく幕末、町屋村（現・横浜市金沢区）の松本源左衛門は商人として財を築くが、彼もまた、出自は農民である。

源左衛門（屋号は米屋）は、江戸方面から米、茶、瀬戸物、醤油、砂糖、紙などを仕入れ、内陸部の村々に届けている。このうち米は主に、東海道筋で旅人や荷物運搬に携わる人々に消費されたとみられる。こうした米などの物資の輸送は、町屋村周辺の船持ちが担った。逆に内陸部の農村から薪、炭などの林製品、水油などを受け、江戸に送っている。残されている資料によれば源左衛門は、江戸の商人三七人と取引があり、内陸部一二カ所が取引地域。取引商人は三九人を数えた。

こうした流通は、沿岸の村々を刺激する。斎藤清右衛門の薪木の江戸への輸送は、農閑期の冬場に「材木切り出し」という新たな雇用を生み、貴重な現金収入の機会として地元民に大いに歓迎された。また、内陸部の農村でも、江戸へ向けての作物づくりが確実に加速した。

こうした事情について、西川武臣は、次のように書いている。

湊は江戸と内陸部を結ぶ物資の集散地となった。さらに江戸での需要の増加が物資流通を一層盛んにさせ、江戸湾内の各湊は廻船を媒介として相互に密接に結びつくようになる。……こうして江戸湾岸地域の経済は活性化し、「流通の世界」が形成されていく。この世界は幕藩制下の身分制のわくを崩していく世界であり、（町屋村の）源左衛門のような商人たちがその中心にいる世界であった。もちろん源左衛門がそのようなことを意識していたとは思えないが、商業活動に従事する人々のエネルギーが社会構造を根底から変えていったといえそうである（「幕末期の在郷商人――江戸湾内の物資流通に寄せて――」『幕末の農民群像』所収）。

その西川に私は、愚問、珍問と言われるのを覚悟で聞いてみた。

「江戸期の猟師は幸せだったろうか、それとも苦しかったろうか。農民と比べてどうだろうか」

苦笑しながら西川は言った。

「幸せかどうかは私には分からない。漁民も農民も、苦しい時はあったろう。ただ、限られた土地という制約のある農民に対し、漁民には広い海があった。何かができる余地、可能性があったのではないだろうか」

8　幕末の海

流通は、時代とともに盛んになり、それへの対応策に各湊が腐心する。漁労体制を維持しつつ、流通用の船も用意しなくてはならない。例えば、嘉永六年（一八五三）の磯子村の場合――。漁船は計一五艘で、内一〇艘については「自分勝手の稼ぎ」、残り五艘は岩積船とされた。「自分勝手の稼ぎ」にあるいは、漁労と流通の調整の役割を託したのかもしれない。

同じころ、隣村の森公田村では船持は一六人で、船の内訳は茶船が九艘、猟船七艘。茶船も小型ながら、荷物運搬船である。軸足を流通に移した感がある。

さらに神奈川猟師町の場合には、寛文七年（一六六七）に三艘だった五大力船が、宝暦四年（一七五四）には一一艘と急増している。

幕末、異国船渡来に伴い、海上の御用が急増、猟師たちを大いに悩ませる。粗忽者の私などは、「濱蔵の子孫が役人を先導してペリーの船に近づいていく姿は、〝悪くない光景〟」などと思ってしまうのだが、当事者はそんな呑気な気分ではいられなかったろう。

武州久良岐郡の磯子、滝頭、根岸、横浜、北方の五つの村は安政四年（一八五七）、「伝馬人足役を半減してほしい」との願書を提出している。願書は、異国船渡来後、警備を命じられた各大名家の持ち場に連絡する船、下田・浦賀両奉行所の役人が通行するにあたっての触書の伝達、大名や幕府の軍船の曳船役などで多忙を極め、不時の御用に備えて漁船や人足を待機させなくてはならない。陸上の道中伝馬役などは、せめて半分にしてほしい、と訴えている。

そして時代は回る。嘉永六年（一八五三）六月三日、米国・ペリー提督に率いられたクロフネ艦隊、旗艦サスケハナ号、随伴のミシシッピ号、サラトガ号、プリマス号の計四隻が神奈川・浦賀沖に姿を現し、後日、さらに江戸湾内にまで進む。太平の夢を破られて日本は開国、磯子の海、横浜の海、そして江戸湾は、世界に開かれた海になっていくのである。

コラム　江戸のエネルギー消費

江戸湾沿岸の村々の山林は、「江戸の燃料庫」だったが、それでは江戸にはどの位の薪炭が集まり、江戸の人びとは年間一人当たり、どの位の薪炭（エネルギー）を使ったのだろうか。『体系日本史叢書13　流通史Ｉ』（豊田武ら編、山川出版社）によれば、享保一一年（一七二六）における薪炭の江戸への入荷量（入津高）は、木炭八〇万九七九〇俵、薪千八二〇万九六八七束。安政三年（一八五六）では、薪は一八三七万九〇〇束と大きな変動はないが、木炭は二四七万五〇〇〇俵と、約三倍に増えている。

一人当たりの消費量はどうか。石川英輔は、木炭約八〇万俵、薪約一八〇〇束とし、江戸に住む人びとの一人当たりのエネルギー量を、次のように試算している（『大江戸えころじー事情』）。

木炭一俵は一五キログラムで、一キログラム当たりの熱量はほぼ七〇〇〇キロカロリー。薪一束は二貫目、七・五キログラムで、一キログラム当たりの熱量は木炭の半分の三五〇〇キロカロリー。これを一リットルの熱量が一万キロカロリーの石油に換算すると、木炭八〇万俵は石油八四〇〇キロリットル、薪一八〇〇万束は石油四万七二五〇キロリットルとなる。両者を合わせると五万五六五〇キロリットル。当時の江戸の人口を一一〇万人とすると、石油換算で一人〇・〇五キロリットル、つまり五〇リットルで、一人一日当たりの消費量は〇・一三リットル強となる。これは現代人のざっと「一〇〇分の一」である。さらに厳密にいえば、江戸に入荷されたものの一部は、江戸問屋によって関東・奥羽・中部の諸国にも売り捌かれるので、江戸の人びとの消費エネルギーは、現代人の「一〇〇分の一」を、さらに下回ることになる。

第七章　オオカミと日本人

秩父の郷（埼玉県）は、オオカミ信仰の聖地である。オオカミを祀る神社の数が二〇を超える。そんなオオカミの郷から、安永七年（一七七八）の初冬のある日、親戚の寅三がふらりと太郎兵衛の家を訪ねてきた。磯子村の近在で、母方の一族の祝いの会があったのだという。寅三が持参したのは狼神社・三峯神社の護符だった。

「これを戸口に貼ること。このお札が、火災や病、盗賊の害から必ず、一家を守ってくれるから」

「秩父の山には焼き畑が多い。作物が実ったころ、イノシシやシカが畑を荒らしにやってくる。そのイノシシやシカを捕えて畑を守ってくれるのがオオカミだ。オオカミは神の使いで、村人の守り神なんだ」

ひとしきりのオオカミ礼賛の後、「それでは、また」と言って寅三は、そそくさと秩父に帰っていった。寅三が家族の話も自分の近況も語らず、オオカミについてだけ熱く語って帰っていったことに気づき、太郎兵衛は思わず微苦笑した。


日本のオオカミ信仰はなぜ、生まれたのか。神と崇められたオオカミはなぜ、明治期に絶滅したのか。オオカミの復活は是か非か。人間とその他の生類との共生のあるべき姿とは——。オオカミを軸に考えてみたい。

1　オオカミの護符

小倉美恵子プロデュース、由井英《ゆいすぐる》監督の映画「オオカミの護符」は、限りなく郷愁を誘う映画だ。平成二〇年（二〇〇八）の上映で、私の記憶は少しあいまいだが、陰影に富む映像と物静かな語りが印象的だった。首都東京のすぐそばで、土地に根差した生活や「講」を守り抜く人々の姿、何百年にもわたり彼らに大きな影響を与え続けた信仰の存在、豊かな山、里の自然などをあざやかに掬い取った映画で、併せて私たちが高度経済成長に浮かれ、どこかに置き去りにした「大事な忘れ物」に気づかせてくれる映画でもあった。この映画は上映の年の平成二〇年、文化庁映画賞文化記録映画優秀賞、地球環境映像祭アース・ビジョン賞を受賞している。

映画づくりに至る小倉の足跡を追ってみよう。小倉は、昭和三八年（一九六三）、神奈川県川崎市宮前区土橋で生まれた。家は古くからの農家で、屋根は茅葺。翌年に東京オリンピックを控えた東京は、膨張に次ぐ膨張で、首都から至近距離の川崎・土橋もあっと言う間に変容を遂げる。五〇戸ほどの農家だけの土橋地区が、気が付くと七〇〇〇世帯の都市住民を受け入れていた。

移住してきた都会っ子の級友が、小倉の茅葺の家をからかう。それがいやで小倉は、わざと帰り道を替えていた。しかし、実家の土蔵の扉に貼られた「護符」だけは子供心にも妙に気になっていたという。護符は幅一〇センチほど、長さ三〇センチほどで、鋭い牙を持った黒い獣が描かれ、獣の頭上に「武蔵国　大口眞神　御嶽山」という文字が、三列に並んでいた。

祖父や祖母の語る地区の昔話、清流が流れる小川、そよぐ竹林。そんなふるさととの姿に惹かれつつも、いつの間にか都会の風に流され、小倉は精神的に「故郷を捨てた」。

大学を卒業して小倉は、アジア21世紀奨学財団と、その関連団体のヒューマンルネッサンス研究所に勤務した。アジアからの若い留学生を引率、アイヌ・コタンの里、ミナマタ、熊野、ヒロシマなど日本各地の「現場」を回るのが小倉の仕事。そんな現場で誇りを持って生きる人々に接した小倉は、ふるさとを捨てた自分の過ちに気づく。

「若い人たちが自分の地域に伝わる芸能や行事をとても大切にして、誇りをもって伝えている姿を見て自然と涙があふれてきました。私は自分の生まれた地域にも同じように芸能があり、行事があり、暮らしがあったと思いました。それまで強烈に恥ずかしいと思っていたものがとてつもなく大切で、本当はきちんと自分自身が自分の言葉で伝えるべきことだったと気づいたのです」

勤務のかたわら、弟のハンディカムを借りて地域の自然や行事を撮った。ビデオはいつしか五〇本近くになる。そんな中で、江戸時代から地元に伝わりいまも続く「土橋御嶽講」に、小倉はとりわけ強く惹かれた。

記録を撮り始めた年の翌々年に、小倉の実家がこの「土橋御嶽講」の仕切り役の「宿」の当番になる。父親に頼んで講のメンバーから同意を得、ビデオ撮影にこぎつけた。

この土橋御嶽講は江戸時代の寛保二年（一七四二）にはすでに行われていたと古文書にある伝統の講で、高度経済成長の荒波にも呑み込まれず生き残っていた。

宿とは、講のその年の主催者役で、自宅を会場として提供。そこに講のメンバーが集い、御岳山にある武蔵御嶽神社（東京都青梅市）にお参りに行く代表（代参）を決める。

宿の当番は、講の皆が集まる前に「講」の設えと宴の準備をする。母が前年の当番から渡された風呂敷をほどき、中にあった古い木箱を開けると、掛け軸とお神酒器、ロウソク立てなどが出てきた。その掛け軸に描かれていたのが「オイヌさま」。土蔵に貼られていた護符の獣と同じ姿だった。その時小倉は「オイヌさまとは何かを、自分の目と足で確かめ、記録に残そう」と改めて決意したという。

小倉家が「宿」となった年の講でも、くじ引きで代参が決められ、その後、母がお盆を手に講員一人一人からお金を集めた。代参者の旅費となる金である。

代参は種蒔き、田植えの前の農閑期に御嶽神社に参る。神社拝殿で祈祷を受け、その年の豊作を祈ってもらうのだ。

護符は、御嶽神社の御師《おし》（山の社寺に属する宗教者）が毎年、山を下りて土橋を訪れ、講中の一軒一軒を回って配り、祈祷をしてくれる。護符は玄関口などに貼られ、火除け、魔除け、病気平癒など様々な効用があるとされている。

里の百姓からの御師へのお礼はいまは現金だが、昔は原則として米や農作物。米がとれず、農作物も不足しがちな山の民の生活を里の民のお礼が支えた。御嶽講を媒介に山の民と里の民の交流、支え合いがあったのだ。

講のもう一つの大きな役割はメンバー同士の経済的な助け合い、互助である。宿で集められた金のうち、代参の旅費を除いた分を順番で、講中の家が借りられるという仕組みで、出産、病気、葬式など急な出費に迫られた時、江戸期から昭和初期まで、どれだけの家がこの仕組みで救われたことか。

土橋御嶽講の場合、残る記録によれば昭和の時代、一軒につき二五円を借り受け、翌年三〇円にして返す仕組みだった。いまも二五円はそのまま。もはや実用性はないが、小倉は「先人の助け合いの精神を忘れないため」とみている。

その後、小倉は映画監督でカメラも回す由井英に出会う。由井は長野県の山の村の出身で「民族文化映像研究所（民映研）」に所属、「人と自然」「山びとと里びとの交流」などを追っていた。

「こうと決めたら一直線」の由井と、「何でもオープン」の小倉。性格は正反対だったが不思議と気脈が通じ合い、「地域の記憶を記録しよう」の一点で同調、意気投合する。ふたりは土橋での講の模様を改めて撮影したあと、オオカミ神社のある御岳山へ。御嶽神社拝殿でのご祈祷、お神楽奉納、さらにはその年の作物の吉凶を鹿の骨を焼いて占う「太占《ふとまに》祭」などを取材した。

その後もふたりは足を延ばしてオオカミ信仰の本場の秩父へ。秩父山地一帯ではオオカミを祀る神社は二〇を超えるがふたりはその中の宝登山神社、三峯神社、猪狩神社などで、カメラを回した。

本格映画となると、撮影費も機材費もけた違いになる。援助金や協力金を仰ぐにはしっかりした組織がいる。平成一八年（二〇〇六）、思い切って「株式会社ささらプロダクション」を設立した。由井がそれまで属していた民映研を辞めて独り立ちし、そのころ勤めを辞めて無職だった小倉が行きがかり上、代表取締役社長に就く。

ふたりの撮影の旅は一〇年近くに及んだ。村人の揺るがぬオオカミ信仰、貧しい暮らしの中での神社への無償の奉仕などが、映画に美しく描き込まれていく。予想しなかったことだが出来上がった映画は二つの賞を受けた。ささらプロダクションはその後も「うつし世の静寂《しじま》に」、「ものがたりをめぐる物語」と二本の自主撮影の映画と、四本の委託映画を世に問うている。

ささらプロダクションは川崎市宮前区土橋の小倉の自宅に併設されている。「ささら」とは日本の庶民が伝えてきた竹などの木製の古い楽器の名だ。「かつての芸能者はささらを携え、村々を巡った。それにならい、映画を携えて各地を巡りたいと思い、ささらをプロダクションの名前にしました」と小倉。取材を終えてプロダクションを辞す時、小倉は私に、こう言った。

「二八〇年の歴史の上に、いまの私がいます」。二八〇年とは、土橋の講が古文書で確認される寛保二年（一七四二）から、現在（二〇二二年）までの年月である。

2　御嶽神社へ

私も武蔵御嶽神社に足を運ぶことにした。同神社の縁起は次のようなものである。

標高九二九メートルの御岳山に鎮座する。櫛真智命、大己貴命、少彦名命を祀り、奥宮には日本武尊と「大口真神（オオカミ）」を祭る。創建は大宝二年（七〇二）。日本武尊東

御嶽神社（著者撮影）

征の砌《みぎり》、日本武尊が邪神の白鹿のために窮地に陥れられた時白狗（山犬）がお助けしたと伝え、また、山上の本陣を火難・盗難から守るために、山犬にその守護を命じたと伝えている。神札の霊威は、火難・盗難防除を主とするが、猪鹿除けの効験も……。

早朝、横浜の自宅を出発、新宿、立川、青梅と三度、JRを乗り換え、奥多摩線御嶽駅に着く。さらにバス、最大斜度二五度というケーブルを乗り継ぎ、やっと山頂駅に到着。この日午前七時半に自宅を出たのだが、山頂駅ではすでに正午が迫っていた。

ここからは徒歩だ。坂道の両側には各

地の御嶽講から奉納された石碑が並ぶ。その数は二〇〇を下らない。東京二三区はもとより、神奈川、埼玉、千葉などの講の名前がある。ＪＲやＪＡ（農業協同組合）の名前も。関東地区におけるオオカミ信仰の広がりがうかがえる。坂道を登り、三〇〇段の石段を喘ぎながら登り切ると、やっと御嶽神社拝殿にたどり着く。入母屋造りの反った屋根、壁も柱も、鮮やかな濃い朱色で塗られている。正面に立った参拝者から見て、右から左に「御嶽山」と大書された扁額が掲げられ、拝殿には二体のオオカミの像が参拝客を迎えるように、平行して置かれていた。

　参拝者は皆、賽銭を入れ、手を合わせて何事かを真剣に祈っている。私も「穏やかな日々を」と祈って、拝殿をあとにした。

狼の護符

拝殿の周辺の緑は深い。江戸期、オオカミは神社近くの森の木々の間から、参拝者を静かに見守っていたのかも……。そんな妄想が、一瞬、脳裏をかすめた。

拝殿脇の社務所で「オイヌさま」の護符を買った。三〇〇円也。このお札は火難、盗難、病気除けなどのご利益があるという。幕末にコレラが流行した折は、病気を運んでくるネズミを食べてくれるとして、「このお札が江戸中に溢れた」と説明書にあった。

神社への行き帰り、何人ものイヌ連れの参拝客に出会った。何とも多い。聞くと「ワンちゃんのご祈祷もしてくれる。ペット用の水場もありますよ」とのこと。「ペットブームもここまで来たか。ちょっと、やりすぎでは」とも思ったが、イヌとオオカミは確かに先祖を同じくする。オイヌさまは「苦しゅうない。近こう寄れ」と許しているのだろうか。

それにしても遠路である。江戸期、御嶽講の代参は川崎の土橋から徒歩で神社に向かった。立川あたりで一泊したというがそれでも、徒歩の旅は難行だったに違いない。

3　日本のオオカミ

ニホンオオカミは小型で，体高は五〇〜六〇センチ。明治三八年（一九〇五）一月二三日、奈良県吉野郡小川村において、米人マルコム・アンダーソンが入手した死体（若いオス）が最後のニホンオオカミとされている。
ニホンオオカミは古くは『風土記』（八世紀）や『万葉集』（同）にも登場。オオカミが出没していた明日香（奈良県明日香村）を、「大口の真神の原」と呼び、それが「大口の真神」を経て、「大神」→「オオカミ」になったといわれる。『万葉集』第八巻には、舎人娘子（とねりのをとめ）の雪の歌が出てくる。

大口の真神の原に降る雪は　いたくな降りそ　家もあらなくに

ヤマトタケルの伝説にもオオカミが再三、登場する。例えば――。ヤマトタケルが東国平定に秩父にやってきた折り、土地の神の怒りに触れ、大鹿に道を塞がれる。するとヤマトタケルのもとに白と黒のオオカミが現れ、その危機を救った、というのだ。

天保二年（一八三一）、相州を旅した渡辺崋山は、旅の宿でオオカミの遠吠えを聞いている（『游相日記』）。江戸時代、関東の山野にもかなりのオオカミが生息、「日本全土では、約一万頭のオオカミがいたのでは」との専門家の見立てもある。

そんな江戸期、秩父の山間部では焼き畑農業が進む。森の一部を焼き、そこに畑を作って栽培をするのだが、畑を囲んで森が残り、そこに生息するイノシシやシカは畑の作物が実るのを待ち構えている。人間の側が昼夜、畑を監視、見守ることなど不可能だ。ところが作物を狙って畑にくるイノシシやシカを、同じく森の住人で野生動物界の頂点に君臨するオオカミが捕食、結果として畑を守ってくれた。この構図は平野部でも同じである。

田畑を守ってくれるオオカミを百姓は崇め、オオカミを祀るオオカミ神社は、江戸期に大きく繁栄する。日本各地に「狼神社」があるが、中でも武蔵国秩父郡三峯山（現・埼玉県秩父市）の三峯神社、前述した東京・青梅の御嶽神社、丹後国（現・京都府）の大川神社などが有名である。

さて、ついに「神」になった日本のオオカミ。後に見る西ヨーロッパのオオカミが「不倶戴天の敵」として人間の手で絶滅されていったのとは、なんと大きな違いであることか。しかし、神と崇められた日本のオオカミも明治期に絶滅する。なぜか。オオカミ研究者として知られる平岩米吉は次の五つを挙げる。

①享保一七年（一七三二）に狂犬病が流行、元文元年（一七三六）には狼、狐、狸にも流行した。この病気によって、狼の神秘性が喪失、家畜や人を襲うだけでなく、死に至る病気をもたらす恐ろしい動物とみられるようになった。

②病狼の頻発により、単に追い払うだけでなく、銃器による駆除がおこなわれるように

なった。
③鹿など狼の餌になる獣類が減少した。
④開発の進展により、生息場所が狭められ人間との摩擦を生じる機会が増えた。
⑤家犬との接触により、ジステンパーに罹患、狼の生存数が減少した。
平岩は明治になってからではなくすでに江戸中期に、消滅の端緒が生まれたとみている。

4　西ヨーロッパ――オオカミとの戦い

西ヨーロッパの中世は森をめぐる戦いの時代だった。それは同時に、森の王者・オオカミと人間の戦いを意味した。

森は薪、木炭はもとより、家屋や水車の建設のための樫の木も提供したし、照明用の木ロウも森から取れた。落ち葉は肥料になったし、緑の空間は豚の放牧に適していた。どんぐりが豚の餌となったからである。同時に森は野獣の王国で、その王国の主はオオカミ。森を切り開くとは獣、とりわけオオカミとの命がけの戦いを意味した。人間とオオカミとの戦いは、現在のフランス一帯を中心に八世紀のシャルルマーニュ大帝の時代からナポレオンの時代（一九世紀）まで、一進一退で進む。この間、オオカミはついにはフランスの首都パリにまで進出した。

人間とオオカミの対立は戦争、悪疫、気候悪化の時に極度に高まる。オオカミもまた飢えるのだ。住む家である森を奪われ、餌を失ったオオカミは人里に出ていくしかなかった。もちろん人間の側にも譲れない事情がある。一九世紀の終わりまで、西ヨーロッパでは羊の飼育は地方に富をもたらす最大のもので、羊毛産業こそが中核産業だった。それゆえ〈人間とオオカミの全面戦争〉となっていかざるを得なかったのである。

首都までオオカミの進出を許したフランスは「狼狩猟隊」をつくる。最初は私的なものだったが、一五二〇年にフランソア一世が政府機関とし、以後、多少の変化はあるがおおむね次のような形をとる。

狼狩猟長官は王が高官から直接一名、任命する。狼狩猟隊長は狼狩猟長官が任命、主に貴族や領主から選ばれた。狩猟隊員は隊長が部下から選ぶ。最低でも狩猟係一名、騎馬係一名、猟犬係二名、猟犬四頭、追跡犬一〇頭。

狼狩猟隊は一八一八年から一八二九年までに、一万八七〇九頭のオオカミを「退治」した。賞金制度も復活する。一頭のオオカミの首に一〇〇〜一五〇フランの賞金がかけられた。労働者の賃金が一日数フランの時代だから、高額である。こうしてオオカミは徐々に減り、一九六八年を最後に長い期間、フランスではオオカミ生存の報はなかった。

5　オオカミ復活

いま、オオカミを復活させることで森を回復させようとの運動が世界各地で進んでいる。米国やヨーロッパでは復活・再導入が大きく進み、その他の地域、国々でも「復活は是か非か」の議論が盛んだ。

米・イエローストーン国立公園が一九九五、九六年にカナダからオオカミ四一頭を再導入、増えすぎたヘラジカなどを捕食させることに成功した。ヨーロッパでも一九七九年の「ベルン協定」で、オオカミ保護を法制化、いま、二九カ国に二万頭以上のオオカミがいる。復活が実現していないのは英国、アイスランドなど数カ国。狼狩猟隊を結成、絶滅にやっきになったフランスでもいまや、全土の約半分にオオカミが棲息するという。

日本ではオオカミ復活は実現していないが、「日本オオカミ協会」（丸山直樹会長）が一九九三年に結成され、復活運動が続いている。「ヨーロッパの学者は日本の学者の一〇倍ぐらい頑張った。私たちもさらに頑張らなくては」と丸山。

会長の丸山のオオカミとの初の出会いは、一九八八年にポーランド・クラクフで開かれた「国際狩猟動物研究者会議」に参加した時だった。当時、東京農工大学でシカの生態を研究していた丸山は、この会議のエクスカーションで国境近くのビエスチャディ地方の田園地帯にアカシカを見に行った。一〇〇頭近くのアカシカが草を食む。すると草原の背後の森から二頭のオオカミが姿を現し、しばしアカシカの様子をうかがった後、森へ帰っていった。そこで丸山は自らの不覚に気づく。「シカの研究者でありながら自分は、シカの生態密度と餌植物分布の関係しか見てこなかった。生態系の安定、すなわち食物連鎖の保護は生態学や保全生物学のイロハであるのに、恥ずかしいことに私はシカだけを見ていて、シカの捕食者の存在・オオカミをすっかり忘れていた」

そして丸山は「オオカミは森における食物連鎖の頂点捕食者だが、明治期に人間の手で絶滅させてしまった。オオカミを復活させ、本来の生態系、江戸時代まで確かに存在したオオカミを頂点とした食物連鎖を取り戻す。その結果として、シカとシカの害を減らせるはず」との思いに至る。

日本のオオカミはハイイロオオカミで中国などにいまも生息するオオカミと同種。だから中国から導入しても、異種を国内に持ち込むわけではない。また、オオカミが増えすぎたらどうなる、との心配の声もあるが、捕食者と被食者は互いに増えたり減ったりしながら、最終的には生態系が許容する範囲内で平衡を保つようになる。これが自然調整の実態だ——。導入反対論に丸山は、そう答える。

日本でオオカミ復活を阻む最大の壁は何か。いまだに国民の多くがオオカミは人を襲う害獣という間違った観念にとらわれていることだと丸山はみる。

「狂犬病などにかかったオオカミ以外は、まず人を襲わない」が、いまは定説である（ダニエル・ベルナール『狼と人間』、平岩米吉『狼——その生態の歴史』）。米国のオオカミ研究の権威デイブ・ミッチ博士も、「人が正しく接するならば、健康なオオカミは決して人間を襲うことはない」という。ただし、人を襲う例が皆無でないのが悩ましいところだ。ノルウェー自然研究所のレポート「オオカミによる人間への攻撃　最新情報2002—2020」では、二〇一〇年三月八日、米国アラスカ南西部のチグニク近くで成人女性（三二歳）が死亡した例が報告されている。夕方、仕事を終えてジョギングに出かけ、オオカミに襲われたとみられる。オオカミは狂犬病ではなかった。彼女はオオカミの前を走り、オオカミの攻撃本能を触発してしまったのではないか、と考えられている。「正しく接する方法」、例えば、オオカミとの遭遇の可能性のある場所では、早朝や夜間のジョギングを避けるなどの「接し方」を粘り強く広めていく、息の長い取り組みが必要なのだろう。

「オオカミが害獣だという間違った観念は、いつ、どうやってつくられたのか」——。「歴史は専門外」としながら丸山は、超人的な熱意と根気で古文書を調べていった。そして古代、平安、室町時代の古文書類を検証、オオカミは日本人にとって「人を襲う害獣とは認識されていなかった」ことを突き止める。

事態が一変するのが江戸時代前・中期の一七世紀後半から一八世紀にかけてで、五代将軍・徳川綱吉治世の元禄期ごろを中心に、「狼害」の報告が激増する。それはなぜか。そして本当に狼害なのか。それを論じた丸山の近著『オオカミ冤罪の日本史』は、刺激に満ちた書である。

6　オオカミ冤罪の日本史

丸山が注目したのが元禄一〇年（一六九七）の諏訪高島藩（長野県）の「御用部屋日記」と、元禄一五年（一七〇二）の『信州高島藩旧誌』の記載。共に元禄飢饉の最中の記録である。

まず、前者の記録「御用部屋日記」。元禄一〇年五月から七月までの間にオオカミによる犠牲者は、山浦方面（山の付近の意）だけで男子一五歳一名死亡、女子一二歳一名傷害、女子一四歳一名死亡など計六人が死傷。他村を加えると二五件もオオカミに食われた記載がある。その五年後、元禄一五年の『信州高島藩旧誌』の記載では、五月から六月にかけ、男女一六人がオオカミに食い殺され、猟師が鉄砲で、二日間でオオカミ四頭を撃ち殺した、とある。この二つの記載について丸山は「腑に落ちないことばかり」として、次のような疑問点を挙げる。

①半世紀前の寛永の飢饉の際も、元禄以後の享保、宝暦、天明、天保の飢饉の折にも狼害の記録はない。それなのにこの元禄の飢饉のときだけ、降って湧いたかのように狼害が現れるのはいかにも不自然だ。

②この時期、森はシカやイノシシ、ノウサギなどの出産育児期で、オオカミは餌には事欠かない。慎重に人間を避ける習性のオオカミが里に下りてくる理由はない。

③オオカミは獲物を求めて広大なナワバリ内を通常一日数十キロメートルも移動しており、鉄砲で撃たれてもなお、里山の狭い地域に留まり続けるとは思えない。

④当時の鉄砲は命中精度の低い、弾込めに手間取る火縄銃。人を恐れて逃げ回るオオカミを、二日間で四頭も仕留めることが出来たとは信じ難い。

そして丸山はこう推論する。

「これはオオカミでなく犬だったのではなかろうか。当時、里の近辺に居ついた大小さまざまな野犬も少なくなかった。里犬だから人間を見慣れていてオオカミのように人を恐れてはいない。こうしたイヌだったら、手慣れた猟師なら、近間の狭い地域で二日続きで四頭を射殺することも可能だろう。イヌこそが真犯人ではないか」

丸山のこの推論が当たっているとしたら、なぜ、イヌをオオカミとする必要があったのか。それこそが綱吉の「生類憐みの令があったから」と丸山。犬を殺傷すれば「憐みの令」違反で重罪。藩の責任も厳しく問われる。しかしオオカミについては、生類憐みの令でも「狼荒れ」のときは鉄砲使用が許されている。「ここはオオカミの仕業にしてことを収めようとした」と丸山はみる。

「オオカミ冤罪の日本史は綱吉から始まった」というのが丸山の見立て・結論である。

7　山の現場の声

令和五年（二〇二三）七月三〇日、御嶽神社の麓の東京都青梅市で「オオカミ復活を巡るトークイベント」が開かれた。丸山や御嶽神社の御師・橋本薫明らが顔をそろえ、熱いトークが展開された。橋本はこう語った。

山では日本カモシカが増え、森の下草を食べ尽くし、地面に緑は残っていない。あと三年もすれば、山は崩れてしまうだろう。私は一年三〇〇日、四五年間にわたって滝行（滝での修行）を続けているが、滝の水もここ一〇年で大きく減った。私はオオカミを復活させて、バランスの取れた山にしたいと考えている。

発言を聞いた丸山は、こう言った。「山の現場から、オオカミ復活の声が出てきた。また、雷鳥がサルに食われるケースも報告されており、雷鳥保護の運動を進めるグループからも、『猿の天敵のオオカミを復活させ、雷鳥を守れ』との声が挙がっている。大きな前進だ」

日本でオオカミ導入ということになれば米国・イエローストーン国立公園の例にならい、国立公園からということになるのであろうか。日本オオカミ協会などの試算では、縄張り面積などから見てそれぞれの国立公園で、次のような数のオオカミの生存が可能だという。

大雪山	二二群一一〇頭
上信越高原	一八群九〇頭
磐梯朝日	一八群九〇頭
秩父多摩甲斐	一二群六〇頭

……

国立公園全体では五八〇頭の生存が可能という試算だが、丸山は「これでは足りない。国立公園以外にも適地はいくつもある」とみている。

トークイベントの合間に、丸山は私にこう言った。

「環境大臣の一声があれば事態は変わる。それには国民の強い要求が不可欠。環境省へデモをかけましょうか」

さらりとした口調だったから軽いジャッブだったか。いやあるいは、全力を込めたストレート・パンチだったのかもしれない。

第八章 — お伊勢参り

1　幕末とはどんな時代か──「武威」と「仁政」

この章から、物語の主人公は一族の二人目、惣太郎となる。時代も幕末に。「惣太郎の物語」を始めるに当たって幕末とはどんな時代か、幕末はいつを起点とするかについてみておきたい。

「武威」と「仁政」というふたつの言葉を軸に、江戸という時代、江戸の社会を鋭く分析したのが歴史学者須田努だ。須田は史料集『編年百姓一揆史料集成』をもとに、江戸時代に発生した百姓一揆（徒党、強訴、逃散）と打ちこわしを全国にわたり網羅的に調べ、その総数を一四三〇件に絞り込む。さらにその内実を検討した結果、武器を携行・使用した事例はわずか一四件（〇・九八％）しかなく、さらにその一四件のうち一八世紀（元禄から寛政）に発生したものは一件だけであり、残り一三件のうち八件が天保期（一九世紀前半）以降に集中していることを突き止める（『幕末社会』）。

元和元年（一六一五）、江戸幕府は大坂夏の陣で豊臣家を滅ぼし、応仁の乱以来一五〇年近く続いた「戦《いくさ》の世」を終わらせた。そして江戸幕府、幕藩領主は百姓に年貢を課す一方で、百姓の生命と家の存続を保証する。百姓を恣意的に殺害したり、酷使したりしない。その理念が「仁政」である。

もう一方の武威だが、兵農分離、刀狩りなどで武士が武力を独占し、治者として君臨するが、これを弱き民に直接、行使することはしない。彼らを「畏怖」させ、支配を貫徹させる。それが「武威」の理念である。

「仁政」と「武威」を理念とした徳川の政治は、ざっとの話だが元禄期（一七世紀前半）から天保期の前（一九世紀前半）ころまでは、何とか「安定」を保持できた。この時期、百姓たちは百姓一揆の際に暴力を抑制し、領主の仁政に期待、それを引き出すために「訴願」という手段をとる。そして領主側も多くの場合、それに応えた。

一七世紀末の元禄期、新田開発や農業技術の向上で農業生産は全盛となる。また、民衆は偃武《えんぶ》（戦が終わること）の結果、「いくさの恐怖」から解放され、生産活動に専念できた。そうして生まれた「豊かな社会」が「仁政」を支えた、ということであろうか。

何故、それが崩れたか――。当初、徳川幕府は、独立自営農民＝本百姓の育成を目指した。彼らを担税力のある確かな存在にすることで、幕府財政の安定を図ることができる、と考えたのであろう。新田開発で生まれた新しい土地を与えることで、新たな本百姓の創成を目ざしたものと思われる。

土地は増えた。慶長五年（一六〇〇）に二二〇万町歩だった耕地面積は、享保六年（一七二一）には二九六万町歩に増加した。一七世紀を通じて実収石高も一・六倍に増加、この「高度成長」こそが、「仁政」を支えた、といえよう。

しかし、享保七年（一七二二年）四月に、幕府が出した「質流地禁止令」とその後の展開が状況を大きく変える。禁止令は一七世紀末から急速に伸長した有力地主層が、小百姓の質地を集積していった情勢への「抑止策」として打ち出されたもので、時宜を得た政策と言ってよかろう。だが、この法令をきっかけに質地小作人たちの田畑奪還を目指す百姓一揆が頻発した。「説明不足のため、債務一切が免除される徳政令と誤解し、質地小作人たちが質地取戻しの実力行使に走った」との見方もある。たまらず幕府は禁止令を撤回（享保八年八月）した。こうして幕府の本百姓育成策はあえなく頓挫、以後、農村では農民層の二極化が進行し、村は富農と貧農に引き裂かれていく。

この村の二極化に拍車をかけたのが木綿、絹などの換金作物の登場、普及だ。例えば木綿は肥料を十分に施せば、年によっては米の二倍の収入があった。米を自分では作らず、他人から買い、農地全部で木綿をつくる農民まで登場、金肥を買えない貧農はこの動きから脱落する。

貧農と富農に分裂した村では、そろって領主に「訴願」、「仁政」を引き出すという「暴力を抑制した一揆のスタイル」も取りがたくなる。やがて貧農層の一揆は、時に、武器携帯の激しいものになっていった。

「武威」と「仁政」が立ち行かなくなったのが幕末という時代で、これにペリー来航の外圧が加わり、徳川幕府は退場――。須田は「幕末の起点は天保」としている。

惣太郎はどうやら、太郎兵衛の生きた「村人が相互に助け合い、分限者が貧農を支援する」といった世とは少し装いの違う世を生きることになりそうだ。「何ということだ！」と思わず叫ぶような事態に遭遇するかも、と今から少し心配にもなる。

では、幕末、波乱と激動の時代を生きることになる惣太郎の人生をみていこう。

2　惣太郎のお伊勢参り

新らしい主人公・惣太郎からみると、最初の主人公太郎兵衛は、四代前のご先祖様だ。惣太郎もまた陽気な働き者で、磯子村の「ある典型」といえる百姓である。好奇心、向上心は人一倍の努力家でもある。

その惣太郎が数日前、村の伊勢講の代参として、伊勢神宮（現・三重県伊勢市）へのお参りを済ましてきた。旅の興奮がまだ、惣太郎から去らない。この年・弘化五年（一八四

『お伊勢参り』日程

弘化５年(1848年)１～２月

月／日	通行街道	参　詣　地	昼弁当地	宿泊地
1月／				
7 日	東 海 道			藤　沢
8 日	〃		大　磯	小田原
9 日	〃		箱　根	三　島
10 日	〃		吉　原	由　比
11 日	〃	久能山東照宮、浅間神社	久　能	府　中
12 日	〃		藤　枝	金　谷
13 日	秋葉街道		掛　川	森
14 日	〃	秋葉山本宮秋葉神社	犬　居	戸　倉
15 日	〃	鳳来寺薬師堂	川宇連	門　谷
16 日	東 海 道	豊川稲荷神社	新　城	赤　坂
17 日			岡　崎	鳴　海
18 日	佐屋街道	津島神社(牛頭天王社)	名古屋	佐　屋
19 日	伊勢街道		桑　名	神　戸
20 日	〃		津	松　坂
21 日	〃	二見ヶ浦、興玉神社		宮　川
22 日	〃	伊勢神宮、金剛証寺		同
23 日	〃	御神楽拝見		同
24 日	〃			同
25 日	〃			松　坂
26 日	〃			神　戸
27 日	〃			名古屋
28 日	善光寺下		坂　下	高　山
29 日	中 山 道		槙ヶ根	落　合
1 日	〃		三留野	須　原
2 日	〃		福　島	奈良井
3 日	〃		郷　原	岡　田
4 日	〃		青　柳	桑　原
5 日	北国街道	善光寺		善光寺
6 日	〃		篠ノ井追分	上田原町
7 日	〃		小　諸	追　分
8 日	〃	妙義(山)神社	坂　本	板　鼻
9 日	〃		新　町	深　谷
10 日	〃			桶　川
11 日	〃			江　戸
12 日	〃			同
13 日	〃			

八）、惣太郎は二八歳である。

一月七日早朝、講の仲間三人で村を出発。着物姿に手甲、脚絆、頭に菅笠、手に杖というのが旅装だ。東海道に出て、ひたすら西へ。戸塚で昼食を摂り、初日は藤沢の宿で一泊した。

さらに東海道を西下、一一日には駿府の久能山東照宮（現・静岡県静岡市）、浅間神社（同）に参拝。一三日に秋葉街道に入り、秋葉神社（現・静岡県浜松市）や鳳来寺薬師堂（現・愛知県新城市）にお参りする。

東海道に戻った後、今度は佐屋街道、伊勢街道を歩き、一九日には桑名（現・三重県）で伊勢神宮の御師（注）・龍太夫の出迎えを受ける。翌日、松坂宿泊り。龍太夫から酒肴のもてなしを受ける。そして二二日には伊勢神宮到着。天照大神が祀られるご本殿前にぬかずき、深々と拝礼した。そして二三日、お神楽を奉納、代参の役割を無事、終えた。惣太郎の旅の足どりを表にして添える。

帰路は善光寺下街道、中山道、北国街道の順路で深谷（現・埼玉県深谷市）、大宮（同・大宮市）を経て江戸入りし、二月一三日に無事に帰村した。三六日間に及ぶ長旅で、歩いた距離は優に二〇〇里（八〇〇キロメートル）を超える。心地よい疲れがまだ、体のあちこちに残るのを、惣太郎はなぜか誇らしい気持ちで受け止めている。

好奇心旺盛な惣太郎にとって人生初のこの長旅は、語り切れないほどの刺激に満ちたものだった。往路の箱根越え。海岸に近い地点から高くそびえる箱根の峠を越える難行、三保の松原越しに見た富士の美しさ、一の鳥居、四ツ足の御門、さるがしらの御門を経てご本殿に至る伊勢神宮の荘厳、神妙な佇まい、老翁の謡い、舞姫の榊の舞いなど四時間近く続いた「お神楽奉納」。どれも強烈な体験だったが惣太郎にとって最大の衝撃は、松坂の宿で聞いた次のような話だ。同宿となった泉州堺（現・大阪府）の住の義平と名乗る商人は物知りで話好きだった。

「私の地元の平野郷では田の六割以上が綿作に当てられています。綿作の生産物は繊維だけでなく、種も油と粕の原料です。元禄期以後、大坂周辺農村は商品作物栽培の村に一変しています。綿作の収入は、時には米作の二倍。米だけの時代は終わりかもしれません」

「西国・長州の動向が注目ですぞ。長州は米の他に紙、塩の生産に力を注いでいます。米、紙、塩は『防長三白』といわれ、禄高は三七万石ですが、実質は百万石の加賀の前田に匹敵します。この藩は近い将来、何か大きなことを仕出かすでしょう」

「自分が考えてもいなかった変化が、この国で起ころうとしているのかも……」。惣太郎は旅の後も、思い乱れている。

注…「御師（おし、おんし）」とは、特定の社寺に所属して、その寺社への参詣者、信者のために祈祷、案内をし、参拝、宿泊などの世話をする神職のこと。伊勢神宮では、「おんし」といった。

3　一大ブーム

江戸期、お伊勢参りは一大ブームとなる。盛時には六人に一人がお伊勢参りをしたのでは、との推測もある。

なぜ、一大ブームとなったのか——。中世、神社などへの参拝は、戦勝祈願などの形で支配層に独占されていた。近世になりその規制がはずれ、庶民にもお伊勢参りなどが許される。そして元禄期以後、百姓など庶民の経済力は上昇、それにつれて文化力、旅への意欲も高まった。長年、村という小宇宙に縛られてきた人々の間で「外の世界を見たい」という思いは、沸点にまで高まっていたのではなかろうか。

伊勢神宮には日本神話中の最高神・天照大神が祀られている。そこへの参詣、お伊勢参りとなれば、誰も反対などできない。「外の世界を見たい」と思う者にとって伊勢への旅は、これ以上ない大義名分である。

　講の存在もお伊勢参りを加速させた。さしたる蓄えはなくとも、伊勢講のメンバーとなればお伊勢参りは可能となるからだ。

　お伊勢参りの中軸に祈りの気持ちが据えられていたことは確かだが、それ以外の要素、諸国の名所旧跡を訪ね、広く他国の人々と触れあい、語り合うという要素があったことは疑いない。「信心」＋「物見遊山」のセット旅が爆発的ブームを呼んだということであろう。

「伊勢参り、大神宮へもちょっと寄り」という狂歌や、宿ごとに飯盛り女らに言い寄る弥次さん、喜多さんの『東海道中膝栗毛』がベストセラーになったことなどからも、お伊勢参りが信心だけのものではなかったことがうかがえる。また初期には、お伊勢参りの経験者が語る土産話も、まだ経験していない人々の好奇心をおおいにあおったに違いない。

　惣太郎の旅は三六日間だったが、さらなる長旅も珍しくなかった。東京都世田谷区教育委員会刊の『伊勢道中記史料』によると、世田谷喜多見村の田中国三郎は弘化二年（一八四五）、伊勢参宮を含め、何と三カ月近くに及ぶ旅をしている。二四歳だった国三郎は伊勢参宮のあと「大和廻り」のコースをとり、奈良見物のあと、郡山、法隆寺、明日香、吉野と大和路を巡り、紀州へ出て大坂に向かう。大坂見物の後、四国へ渡り、金毘羅大権現を参拝、道後温泉にも入湯。さらに本州の安芸国（現・広島県）に渡り、宮島厳島神社（同）を見物、岩国（現・山口県）の錦帯橋も見物した。

また、安政六年（一八五九）に東北の陸奥国の七人の男たちが、四国丸亀まで七六日の旅をした記録もある（鎌田道隆『お伊勢参り』）。鎌田は「伊勢参りの名目であれば、知的好奇心の旅も許してもらえるという時代であったことがうかがえよう」と書いている。

さて、伊勢詣でなどの旅の費用はどんなものだったか。石川英輔は「文化文政期ころで、東海道を旅する場合、一日一朱＝四〇六文ぐらいではなかったか」（『ニッポンの旅』）と書いている。現在の価格に直すと、一日約六〇〇〇円から一万円といったところであろうか。

4　おかげ参り

近世の民衆の突発的な伊勢神宮への「集団参宮」を、一般的に「おかげ参り」と呼ぶ。ただし「おかげ参り」と呼ばれるようになるのは、実は明和からで、それ以前は「抜け参り」と呼ばれていた。「抜け」とは、伊勢神宮はかつては皇室の先祖神を祀り、庶民の参詣を許されなかったが、その神徳を慕い、ひそかに抜けて内宮へお参りした、という説が有力だという。「おかげ」も諸説あるが、「天照大御神」のおかげで日常生活が平和に送れ

おかげ参りの施行かご――おかげ参りの人々のために、施行としてかごが提供された。　（『画報近世三百年史』より）

ていることへの感謝のお参り、といった説が有力だそうだ。

鎌田道隆『お伊勢参り』は、代表的な「抜け参り」「おかげ参り」として次の五つを挙げている。

○　慶安三年（一六五〇）　江戸の商人が中心　参詣者は白装束。

○　宝永二年（一七〇五）　京都の子供たちが発端　三六二万人という。

○　享保八年（一七二三）　京都の花街の遊女など　派手な衣装・装束。

○　明和八年（一七七一）　京都周辺から始まる　お札降りで拡大。

○　文政一三年（一八三〇）　四

国の阿波から始まる　四五〇万人以上という。

このうち、宝永二年と明和八年、文政一三年の集団的参宮を、規模が全国的で社会的にも影響が大きかったので「江戸時代の三大おかげ参り」と呼ばれることが多い。ほぼ六〇年周期で、背景に天変地異、経済、生活の困窮など、「不安」があったことが共通する。

まず、宝永のおかげ参り。三六二万人という従来にない大規模な群参だった。この前の年、地震、大火など、天変地異が相次ぎ、民衆の「不安」が群参を加速させたとみられる。子供や女性の参宮が多かったのも宝永のおかげ参りの特色で、本島知辰（月堂）の見聞雑録『月堂見聞集《げつどうけんもんしゅう》』によれば、京都周辺だけで、自分の意思で抜け参りに行ったと考えられる六歳から一六歳までが男女合わせて一万八五三六人いた。また、一七歳以上では、女性の割合が男性を上回ったという。

三百数十万人の参拝者を、地元の伊勢周辺の人々は温かく迎えた。炊き出しをし、宿を無償で提供し、時には路銀も与えた。こうした施行、善意がなければ、女性や子供の抜け参りなどできようはずがない。江戸期の人々のやさしさが沿道に確かに残っていたことを喜びたい。やはり江戸時代のキーワードの最大のものは「やさしさ」だったのではなかろうか。

明和八年のおかげ参りの場合も、その前年、明和七年（一七七〇）は全国的に旱魃だっ

た。斎藤月岑《げっしん》が著した江戸の地誌である「武江年表」も、

五月より八月迄、諸国大旱《おほひでり》（近在、稲に虫つき、江戸も虫飛歩行。俗に此虫をカチと云。……海は苦塩と云もの出て、魚こと〳〵く死す）。

と記している。

この明和のおかげ参りは山城国（現・京都府）から始まり、三月上旬ころから、おびただしい数の「女、子ども」が伊勢に向けて街道を進む。四月に入るとお札降りの噂がひろがり、参詣者は急増、大坂からも日に七、八万人が抜け参りに加わったという。「天から伊勢神宮などのお札が降る。ありがたいことだ」という噂が、おかげ参りを駆り立てる呼び水の役割を担ったとされる。

文政一三年のおかげ参りは、西は九州から東は東北にまで広がった。この年、全国的に違作（凶作）の地方が多く、米価はじりじりと上昇、「天保の大飢饉への途を歩み始めた年」とされる。伊勢神宮への参詣者は四五〇〇万人以上（五〇〇〇万人説も）となった。江戸末期の人口は約二六〇〇万人とされるから、ざっと六人に一人が伊勢詣でをしたことになる。

このおかげ参りで大和（現・奈良県）、河内（現・大阪府）、和泉（同）、摂津（同）あたりで、一村を単位とする「おかげ踊り」が登場する。村人が共通の華美な服装で鳴り物入りで踊る。卑猥な歌も歌われるようになる。後年の「ええじゃないか」の源流とされる。数乱暴な物言いをすれば、おかげ参りは日本人と日本をかき混ぜたのではなかろうか。数百万人の無名の民が街道で行き会い、情報を交換、語り合った。未曽有の体験である。村の暮らし、封建社会の桎梏から、しばしの間とはいえ解き放された旅の体験は、初めて味わう「自由」の味がしたのではなかろうか。

そうした民衆の出会いが化学反応を起こさないはずはない。泡立てられた民衆の意識は幕末、維新、変革の時代に向けての大きな流れをつくっていったと思われる。そしてこの後に触れる「ええじゃないか」では、さらに大規模な民衆の出会いと「人間の攪乱」が展開され、明治維新への途の地ならしの一端を担うことになる。

5　「ええじゃないか」の意味するもの

「ええじゃないか」は……徳川幕府が、政権を京都の朝廷に奉還し、幕府最後の年となった慶応三（一八六七）年の夏ごろから翌年のはじめにかけて、江戸、横浜、名古屋、大坂を結ぶ地域を中心に、日本のかなりの地方で、……引き起こされた現象であった。日本の民衆が個人としてではなく、民衆それ自身として一つの運動を、しかも、一揆のようにある特定の地域にとどまることなく、「ええじゃないか」のように広範囲に引き起こした事例は、日本の民衆史のうえでもあまり類例がない。さらに慶応三年という幕藩体制（封建支配の体制）が崩れるという、まさに歴史の転機にあたって、ひきおこされたこの民衆の「ええじゃないか」は、そのことのみでも明治維新を考えるときに忘れられない事実だといえる。

西垣晴次は、『ええじゃないか——民衆運動の系譜』にそう書く。そして西垣は、「ええじゃないか」の構成要素として、

①神符の降下。②神符を、祭壇を設けて祀る。③祝宴。④男子の女装、女子の男装。⑤ええじゃないかの歌と踊り。⑥領主の命令による平静化——を挙げ、これに加えて「民衆の意識面」に関わるものとして、⑦背後にあった扇動者の存在。⑧世直しへの意識と期待。⑨神符の降下により、ひきおこされた数回の「おかげ参り」の伝統。⑩男装・女装にもかかわってくるところの、「ええじゃないか」の歌にもっともよく示されている猥雑さ——を挙げている。

「ええじゃないか」の際の「おふだふり」の図。「おふだ」の降った家ではこれをまつって、人びとに御馳走をした（『画報近世三百年史』第 14 集より）

その猥雑さだが、「おまえも蛸ならわしも蛸　たがひに吸付きゃエジャナイカ　エジャナイカ」などはまだ序の口で、性を露骨に歌いこんだ歌詞が少なくない。「ええじゃないか」の踊りは慶応三年七月から八月にかけて、東海道筋の宿場、見付（現・静岡県）、御油（現・愛知県）、吉田（同）、藤川（同）などで始まり、九月には伊勢、近江、一〇月半ばまでに淀（現・京都府）、伏見（現・京都市）に、さらに一〇月末、一一月には大坂、京都に広がる。関東でも八月ごろに、横浜で成田山のお札が降ったという記録がある。

横浜のお札降りについては、甲州（現・山梨県）から横浜の開港場に売り込みに来ていた「甲州屋」の、慶応三年一一月二〇日付けの手紙に次のように記されている。篠原忠右衛門（甲州屋）と息子の直太郎連名の、故郷に宛てた手紙である。

此度当港辺は諸神霊札雲井より御下り　有之の家々も余程御座候而実ニ一同祝歓罷在日々祭札之如く殊ニハ当月十八日昼八ツ半時頃弐分金形ノ中ニ千手観音の御影ヲ現れ候物何れともなく舞下り早速家内え御祭り申居り候其外日増ニ諸家へも、有之候……

横浜の港付近では天から「諸神霊札」が降って来た家が多くあり、一同は祝い喜んで日々「祭礼」のような状況だ、日々、そうした家が増えている、というのである。

では、「ええじゃないか」の実際のさまはどうだったのか。

蘭方医坪井信良は、京都の模様を、

「多人数群ヲナシ、或ハ紅白縮緬ノ揃ノ半天ヲ着シ、或ハ銘々思付ノ装ヲナシ、娘は若衆トナリ、老婆ハ娘ニナリ、男子ハ女ノ服ヲ着シ踊リ廻リ……」

と書簡にしたため（高木俊輔『ええじゃないか』）、英国の外交官・アーネスト・サトウは大坂の状況を、日記に次にように記している。

その日、私たちは……舟で大坂へ戻った。大坂では市民が総出で、間近に迫った貿易の開始と同市の開港を祝って、お祭り騒ぎに夢中になっていた。

イイジャナイカ　イイジャナイカ

とうたい、踊る。晴着をきた人の山が、色とりどりの餅や、蜜柑、小袋、藁、花などで飾られた家並みを練りあるく。着物は大抵縮緬だが、青や紫のものも少しはあった。大勢の踊り手が、頭上に赤い提灯をかざしていた（慶応三年一二月一三日）。

また、別の日（一六日）の記述には、こうある。

燃えるような真っ赤な着物で、踊りながらイイジャナイカの繰り返しを叫んでいる。……「とかく」（料亭の名）に着いてみると、主な部屋はみなお祭りの連中に占領されており、残りの部屋は締めてあった。

女装の男、男装の女。日常の一切を忘れ乱舞する民衆。しかし、「何を目指したのか」となると必ずしもはっきりとはしない。年貢減免などの要求は、意外に少ないのだ。それだけに、「ええじゃないか」運動の評価も割れる。

「ええじゃないかは民衆の革命的エネルギーをそらした。そのすきに王政復古のクーデターを許した」との説もあれば、逆に「ええじゃないかは幕府体制崩壊の最後のとどめをさした」との評価もある。

西垣は、「三〇〇年近くつづいた江戸幕府は第二次の長州征伐すら満足に実施しえない。薩・長を中心とするグループは、倒幕にまでもちこみたいらしい。時代は大きく変化しようとしていることだけは、民衆は肌で感じていた。しかし、時代の変化は民衆とは全く無関係のうちに着々と進行している」としたうえで、民衆の、時代と社会の動きに対して抱いた不安が爆発したのが「ええじゃないか」だったのでは、と見る。

異なる評価のはざまに、女装、男装で乱舞する群衆の残像が、チラチラと点滅する――。

コラム　犬の伊勢参り

まことにおおらかで、腹の底から爽快さがこみ上げてくるような出来事、物語が江戸期には数多くある。「犬の伊勢参り」はその一つだ。

伊勢神宮の神官・度会重全の『明和続後神異記』には次の趣旨の記述がある。

江戸後期の明和八（一七七一）年四月一六日、一匹の雄犬が伊勢神宮のお宮の前の広場で平伏し、拝礼をする格好をした。この姿に感動した宮人たちが犬の首にお祓いを括り付けて放すと、犬は飼い主の山城国久世郡槙の島の高田善兵衛のもとへつつがなく帰った。帰りの道すがら銭を与えた人がおり、ひもを通して首に巻き付けた銭が数百にもなっていた。

これが最初の犬の伊勢参りで、その後も犬の伊勢参りの話は続く。安房の国（現・千葉県）の庄屋の飼い犬、奥州・白河（現・福島県）の犬、下丸子（現・東京都大田区）、三川（現・山形県）、宮田村（現・群馬県）、毛馬内（現・秋田県）、黒石（現・青森県）の犬などが、それぞれに飼い主の代参として伊勢参りした、と、平戸藩主松浦静山、町人学者草間直方らが克明に記録、各地の宿場送り状、人馬継立帳などにも多くの記述がある。黒石から伊勢までは片道約一二〇〇キロメートル。温かく見守り、手助けした人々がいた、ということだろう。

江戸時代にも「信じられない」「創作だ」という声はあった。しかし私は、事実かどうかではなく、犬の伊勢参りを熱く語り継ぎ、せっせと記録した江戸の人々の心根に注目したい。犬と人間の垣根がなく、犬の首に銭を巻いて声援を送る宿場の人々――。犬と人はまぎれもなく同胞、仲間だとする空気感をうらやましく思うのだ。

最後に伊勢参りの犬が登場するのは明治七年（一八七四）。その前年、畜犬規則が布達され、西洋をまね、首輪、鎖をつけて飼うことが義務付けられた。洋の東西を問わず、近代とは牧歌、おおらかな物語を奪うもののようである。

第九章　クロフネ来航——西洋の衝撃《ウエスタン・インパクト》

1　クロフネを見に行く

「何だ、この大きさは！　まるで大鯨の化け物ではないか……」

惣太郎は絶句した。眼前の海に浮かんでいるのは噂の、亜米利加（アメリカ）のクロフネ艦隊だ。

ところは西浦賀村（現・神奈川県横須賀市）の海を見下ろす丘の上、時は嘉永六年（一八五三）六月七日である。「噂のクロフネをこの目で」と好奇心の固まりのような惣太郎は前日に磯子村を出て、浦賀の海の近くの知人宅で仮眠、夜明けを待ってこの丘に登った。

停泊するのはアメリカ合衆国東インド艦隊司令官マシュー・カルブレイス・ペリー率いる四隻の艦隊。六月三日に、浦賀沖に姿を現した。旗艦サスケハナ（排水量三八二四トン、蒸気外輪フリゲート、乗員三〇〇人）、ミシシッピ（同三二二〇トン、蒸気外輪フリゲート、乗員二六〇人）、サラトガ（積載量八八二トン、帆船、乗員二六〇人）、プリマス（同九八九トン、帆船、乗員二六〇人）である。それぞれの艦がパロット砲、ペクサン砲、ダルグレン砲などを装備する。

船体全体に黒色のピッチが塗られ、文字通りのクロフネ。「しばしば鉄製と誤解される

米軍軍艦サスケハナ号（「画報近代百年史第一集」より）

が木造船」（金澤裕之『幕府海軍』）だ。また、外輪船とは船外（多くの場合、両舷脇）に取り付けた水車のような輪を回転させて進む蒸気船、フリゲートは快速船である。

旗艦・サスケハナは全長二五七フィート（約七八・三メートル）。当時最大の和船だった千石船がせいぜい排水量二〇〇トン前後、全長二〇数メートルだったから、クロフネの大きさに、惣太郎が愕然としたのも無理はない。

惣太郎はしかし、さしたる恐怖心は覚えなかった。むしろ万里の波濤を越え、遠い日本にまで船団を送ってくる亜米利加とはいったいどんな国なのか、かの国の文明、科学、人々の生活とはどんなものか——という好奇心が、むくむくと頭をもたげていた。

先のお伊勢参りで惣太郎は「この世の中は間もなく、大きく変わる」との確信を持つに至った。しかし、クロフネがもたらしたのは、そんな惣太郎の思いをはるかに超える激震・激動だった。開国、幕府の崩壊、そして明治維新――。クロフネの亜米利加は、力づくで、日本の近代化の扉をこじ開けていくのである。

クロフネに接した時、武士は「この巨艦と戦うのか」と緊張したに違いない。しかし、武士以外の町民、百姓らは、健全な好奇心で、クロフネを眺めたようだ。小高い丘の上に人々は参集、それを目当ての茶店も出来た。さらには小舟で異国船に接近を試みる者まで出てくるのである。

惣太郎と同じころ、クロフネを「科学の眼」でとらえた人物がいる。相模湾に面した柳島村（現・神奈川県茅ケ崎市）で廻船業を営んでいたとみられる藤間《とうま》柳庵《りゅうあん》だ。ペリー来航の年、数えで五三歳。柳庵は六月七日、惣太郎と同じく、西浦賀村の丘に登り、携えた遠鏡で観察、『太平年表録』にこう記している。

雪中城郭を眺むにひとし（長六十間余、巾十八九間）蒸気船と唱ふ、（此船進まんと欲するときは、石炭を焚て左右の翼車をめぐらす、其疾き事一時に二十里を走すると云、煙リ黒雲の如シ）

城郭のような巨船のさまと、二時間で約八〇キロを進むことに、柳庵は感嘆している。

武州橘樹郡長尾村（現・神奈川県川崎市宮前区神木本町、多摩区長尾）の百姓代を務めた鈴木藤助が、幕末から明治にかけての時代の動きや村の様子などを書き綴ったのが鈴木藤助日記である。政治から民衆生活までへの幅広い目配り、確かな観察力と好奇心、豊富な情報網と情報量、そして達意の文章などが光る。幕末、明治初期を知るうえでの第一級の史料である。

嘉永六年丑七月一七日の日記には、巷に流れた次のような落書を書きとめている。

落書
日本を茶ほして来たか上きせん　たつた四はいて四日寝られぬ

おとしはなし
異国舟を驚せんと大筒々々見せかけ大釣鐘を向ケてと異国人是を見テ大キニ驚ク、日本の大筒ハ莫大の事と舌をまくと、異国舟の中ニ日本の様子を知ったもの、あれハ

釣鐘だから恐るゝ事ハないといへば、いやいやそうてない唐人ニつりかね（提灯に釣鐘）ゆへ恐しい

「大筒」の話は、日本側が寺の梵鐘を海岸線にならべ、大砲と見せかけたことを踏まえ、唐人（とうじん）と提灯（ちょうちん）をかけている。

大きな緊張や混乱が巷に走ったのもまた事実で、六月六日の鈴木藤助日記には、

池尻ニて用賀六之助殿ニ逢、唐舟浦賀へ四舟参り候ニ付、掃部様へ人夫百七十人馬五十疋之才料ニ参り候由承る。

とある。掃部様の彦根藩は江戸湾の海上警備の中軸を担う藩だ。そこへ急遽、人馬を送る——。緊迫する海岸線の警備状況がうかがえる。

さらに同一二日には、非常時の連絡方法について、次のような記述がある。

異国船万一内海へ乗入非常之場合注進有之候節ハ、老中より八代洲河岸火消役へ相達、同所ニて平日之出火に不紛様早半鐘を打出し、右を惣火消屋敷ニて請継、同様早

半鐘打鳴し可申候……。

「すぐさま、早半鐘を打ち鳴らせ」――。当時の緊迫した雰囲気が伝わってくる。

また、鈴木藤助日記は、幕末の民衆が実に素早く、日米交渉の中身というトップ情報を入手していたという驚くべき事実も教えてくれる。

例えば――。嘉永六年六月一一日の日記に、米側が「将軍に会って国書を手渡したい。その方（浦賀奉行所）たちには用はない」と、一向に取り合わなかった事実を記している。わずか八日前の出来事だ。さらに同年九月八日の日記には、米大統領からの国書の漢文和解（わげ）の写しが収められている。国書の内容というトップの情報の全文が、約三カ月後には、民衆の間に知れ渡る。江戸の情報ネットワーク、恐るべし――である。

2　幕府の対応

後回しになったが、クロフネ来航に伴う、幕府の対応についてみよう。

嘉永六年（一八五三）六月三日、ペリー艦隊の四隻が江戸湾の入り口、浦賀沖に姿を現した。威容である。浦賀にやって来た時は、蒸気船二隻が帆船二隻を曳航していた。夕方、浦賀沖に投錨。黒煙を上げながらの全速力での航行で、「その速なること飛ぶがごとく、諸方の注進船をはるかに乗越え……」というのが目撃者からの浦賀奉行所への報告である。

浦賀の南の久里浜海岸（現・神奈川県横須賀市）で訓練中だった同僚からの連絡を受け、浦賀奉行所の外国応接係月番与力・中島三郎助が通詞（通訳）の堀達之助とともに、八丁櫓の高速魚運搬船・押送船で旗艦サスケハナ号にこぎ寄せる。「開国か開戦か」の日本の命運をかけた大一番の外交交渉が、一介の与力中島に委ねられた。与力職は石高一〇〇石程の中、下級武士である。

中島三郎助肖像　鶏卵紙（下岡蓮杖写）

「大日本古文書――幕末外国関係文書之一」（東京帝国大学蔵版）に、その時のやり取りの文書（「六月三日浦賀表米船対話書　浦賀奉行支配組與力中島三郎助と大尉コンチー

と　渡来の趣意に就て」）が残されている。何事も文書でという文書主義、お役所仕事は煩わしいが、そのおかげで私たちはこの時の緊迫のやり取りを「直接話法」で知ることができる。

堀が「オランダ語を話す者はいないか」と英語で呼びかけ、艦上のオランダ語通訳ポートマン（Anton L.C. Portman）が「自分がオランダ語通訳だ」と応じて、オランダ語での交渉が始まる。このとき「高官にしか会わない」と乗艦を拒むポートマンに対し中島は、とっさに「私は奉行所の副奉行（セカンドガバナー）だ」と官職を詐称する。

以下の問答で、冒頭部分のアメリカ側の相手、ホットメンは、ポートマンのことである。

（原文は変体ガナ）

三郎助　船ハ何国之船ニテ何等之訳有之、当港へハ渡来候哉、

ホットメン　船ハ北亜墨利加合衆国の船ニテ、本国都府華盛頓ヨリ、大統領より　日本国帝ニ呈候書簡所持いたし候高官之者乗組居候間、日本高官之人ニ無之テハ、応接難相成候、

三郎助　日本之国法ニテ、是迄度々異国船も渡来致し候へとも、高官之者異国船へ乗組、致応接候儀一切無之、若高官之者面会難相成候ハバ、次官之者ニテも苦しからず……

ホットメン　至極尤之訳ニハ候へ共、何分ニも高官之人不相成候テハ、面会難相成……

三郎助　左様に面会を被相拒候テハ、如何致し候テ、本国より之書簡渡方之都合を被取計候哉、

ホットメン　反船を以上陸致し、高官之人に直ニ相渡可申候、

三郎助　国ニハ其国之法有之、其法を犯し候儀ハ難相成、何レニモ是非々々次官之者ニテも面会致し度候、

「どこの国の船で、どのような理由で来航したのか」との三郎助の問いに「アメリカ合衆国の船で、首都ワシントンから日本国帝宛ての大統領の書簡（国書）を携えてきた。この船には高官が乗っている。日本側の役人も高官でなければ会わない」と答える米側。三郎助は、「自分は浦賀奉行所副奉行である」と詐称、「反船（カッターの意）で上陸し、高官に直に国書を渡すというのは国法に反する。そうした方法は日米双方の為にならない」と説得し、「次官でもいいので交渉したい」と食い下がったのだ。

そうして、何とか乗艦を果たした三郎助と堀は艦上で、艦隊副官コンチーとタフな交渉を展開。さらに翌日の浦賀奉行（これも実は与力香山栄左衛門の詐称）をまじえた交渉で、「三日間の猶予」を引き出し、江戸からの上級役人の到着を待っての再交渉を実現させて

いく。

序列に厳しい身分社会である。官職詐称は「軽くて閉門、悪くすれば切腹」だ。しかし、三郎助は、「ここは何としても乗艦し交渉を」と、後日の咎めを覚悟して詐称を決断したのであろう。もし――。乗艦がかなわず、米側の要求の子細も分からぬまま事態が進めば、双方の誤解から武力衝突が起こったかもしれない。そうなれば日本の敗北は必至だったろう。

大島昌宏は、小説『北の海鳴り』で、三郎助が同じく与力だった父親から事前に「異国人との交渉には、いつも頭を柔らかくしておくことが肝心。時には方便を用いることもためらってはならぬ」との忠告を受けたとしている。下田奉行以来八代、一八四年間与力職を勤めた中島家の伝統、経験が、三郎助の決断を後押しした、ということはあったのかもしれない。

交渉のなかでの「国の法」の中島の発言は、阿片戦争の時、清の林則徐がイギリス代表に「イギリスでは他国へ行くとその国の法律に従うしきたりになっているはずだ」と反論したことを踏まえている。そうした知識を中島は持っていたのである。

つけ加えれば、鎖国下でも幕府は、外国情勢に疎かったわけでは決してない。当時、オランダから毎年、幕府に「オランダ別段風説書《べつだんふうせつがき》」が送られている。世界情勢、各国情勢についての詳細極まる報告で、幕府は事前にクロフネ来航はもとより、ペリー艦隊の船名、トン数、砲数、乗組員数、船長名などを正確に知っていた。

中島はその後、長崎海軍直伝習（海軍伝習所）に入学、造船や航海術の修行を重ね、幕末日本の海軍の指導者になっていく。彼の生きざま、死にざまについては後に述べたい。

井上勝生は『幕末・維新』で、「これまで幕府の『軟弱』『屈従』ばかりが強調されてきたのだが、軍事とは区別された、真の意味での外交が展開されていたことを再評価する必要があるのではないか」としている。

さて、浦賀奉行所からの報告を受けた老中首座阿部正弘は、他の老中や若年寄を招集、江戸城で夜を徹して協議する。そして、戦闘を出来るだけ避けることと「ペリーが携えてきたアメリカ大統領の国書（書簡）は、長崎で受け取る」との幕府の姿勢をペリー側に伝えるよう浦賀奉行所に指示。彼我の軍事力の差を十二分に知っていた阿部にはおそらく、開戦という選択肢はなかったであろう。

ペリー艦隊は「暁一発、四つ時一発、夜四つ時一発ずつ」号砲を鳴らす。浦賀では人々に怯えが広がり、江戸の町では米屋と武具商以外は店を閉ざす。鎧などの武具は払底した。しかし、それでも物見高い民衆は、小舟や漁船でクロフネへの接近、見物を決行している。

アメリカ大統領の国書をどこで受け取るか――。アメリカ側は、幕府が主張する「長崎で」を断じて認めない。結局、六月九日に、浦賀南方の久里浜でフィルモア大統領の国書が日本側に手渡されることで決着する。しかしこの間、江戸湾で測量をするペリー側の「領土への武力侵入」を、日本側は止めることができなかった。

六月九日、ペリーはサスケハナ号とミシシッピ号を久里浜海岸近くに進め、多くの幕僚たちを従え、「士官二十人余、兵卒三組、音楽隊一組、総人数およそ三百人、銘々帯剣致し、小銃相携え」、「水ももらさぬ隊列を整え」て上陸する（『神奈川県史　通史編3』）。日本側が翌年に返書を手渡すことを約束したため、ペリー艦隊は一二日に浦賀を出航、琉球へと向かった。

米国との戦闘という最悪の事態は避けられた。ペリーには米本国から「平和的に」との強い指示が出ていたし、国内に奴隷解放をめぐっての南北対立を抱える米側の事情も影響したとみられる。

3　日米和親条約締結、そして開国

ペリーの再びの来航まで一年しか時間はない。それまでにどう備えるのか。阿部は国内の諸勢力を、幕府を中心に再結成することを目指し、外様大名も幕政に参加させる大幅な人材登用を行う。越前藩主の松平春嶽、外様の薩摩藩主島津斉彬《なりあきら》などと緊密な関係を結び、川路聖謨《としあきら》、岩瀬忠震《ただなり》など有能な人材をフル活用した。

また、軍備面では講武所を設け、大船禁止令を廃止して長崎造船所の建設に着手する。大型の洋式装備の船なしには、外国と対等に向き合えないことを、クロフネ来航でいやというほど思い知らされたからだ。

翌嘉永七年（一八五四）一月一六日、今度は軍艦七隻を率いたペリーは、浦賀に来航、さらに神奈川沖まで艦隊を進める。前年よりはるかに強硬な姿勢で、幕府はこれに押し切られた。

応接場所（交渉場所）をどこにするかについて、日米両国は激しく対立する。浦賀を主張する日本側に対し、アメリカ側は今回はさらに強硬姿勢で、「同地の停泊所が甚だ安全でない」と一蹴（『ペリー提督日本遠征記』）。「艦隊停泊地付近の海岸」を主張し、さらには「首都において公の事務をことごとく取り行うのが慣習であるから、提督は江戸へ赴くだろう」（前掲書）と江戸入りの姿勢までちらつかせる。

正月二五日、艦隊はワシントン記念日の祝砲を撃ちあげた。各艦から計一〇〇発以上の砲声がとどろき、江戸・深川あたりでも、手に取る如くに聞こえたという。さらに艦隊は江戸湾を北上、江戸がはっきり見えるところまで進む。江戸の町には終夜、半鐘が鳴り響いた。

ここに至って日本側は譲歩、「西神奈川にて横浜という所あり、是非地所を一覧」と提案、やっとアメリカ側の同意を取り付ける。合意が得られたのが二月二五日で、二七日に正式決定。交渉場所決定までに約一〇日を要したことになる。

横浜村とは現在、横浜開港資料館が立つ場所（横浜市中区日本大通）あたりで、アメリカ側が合意したのは、①浦賀より江戸に近い　②交渉場所の近くに艦隊を一列に整列させて日本側に艦隊の軍事力を示すことができる　③アメリカの工業力を日本側に誇示するため、汽車の模型や電信機の実験ができるほどの場所がある——とのアメリカが望む条件に合致したからだという（西川武臣『ペリー来航』）。

一方、日本側には「できるだけ人目につかない場所に」という思惑があった。

横浜村での日米交渉も熾烈をきわめた。アメリカ側の要求は、①通商　②補給　③遭難海員の保護の三つだったが、日本側は、交易・通商を持ち出したアメリカ側に、「交易は利益の論」として、議論を漂流船員の人道的待遇へ引き戻し、通商についての協議を断念させる。日本側の全権代表は林大学頭。善戦である。

三月三日、日米和親条約が神奈川の地（横浜村）で結ばれる。締結地の名前にちなんで、神奈川条約とも呼ばれるこの条約で、二〇〇年余に及んだ幕府の鎖国政策は、ついに終わりを迎えた。同条約は一二条からなり、

①下田、箱館の二つの湊を開き、薪水・食料・石炭などの欠乏品を供給する。その地の役人が取り扱い、私に取引しない。

②アメリカ難破船員および積み荷を扶助・優遇する。

③下田に領事を置く。

④片務的な最恵国待遇をアメリカに与える。

などを主な内容としている。

当然のように他国も、同様の条約の締結を迫ってくる。同年内にイギリス、ロシアともほぼ同じ内容の条約が締結され、翌安政二年（一八五五）には、オランダとの間でも締結となった。

4　徳川幕府、終焉へ

しかし、和親条約締結だけではことは終わらない。日米和親条約に基づき、安政三年（一八五六）、タウンゼント・ハリスが総領事として下田に着任、幕府の制止を振り切って江戸に入り、幕府に強硬に通商条約の締結を要求した。このころ、中国でアロー号事件が起こっている。英・仏連合軍が清を破って北京に進入しており、「それなら米国は江戸へ」と考えたのかもしれない。

阿部の後を受けた老中堀田正睦は、上洛して条約勅許を奏請するが孝明天皇はこれを認めない。目的を果たせぬまま、堀田は江戸に帰る。

堀田のあとを受けて大老の座に就いたのが彦根藩主井伊直弼《なおすけ》である。井伊は勅許のないまま安政五年（一八五八）六月、日米修好通商条約を締結する。

同条約は、米艦ポーハタン艦上でアメリカ総領事タウンゼント・ハリスと日本側井上清直、岩瀬忠震の間で締結された。その時の米艦の碇泊位置については、従来は小柴沖（現・横浜市金沢区柴町）とされてきたが、横浜開港資料館調査研究員の吉崎雅規は、米側資料などをもとに「いや、もっと北の神奈川沖」としている。

同条約は全一四条。

①公使・領事を交換、その駐在と国内旅行権を認める。

②下田、箱館のほか、神奈川（横浜）、長崎、新潟、兵庫を開港し、江戸、大坂を開いて自由貿易を行う。

③関税は協定で定める（関税自主権の喪失）。

④領事の裁判権を認める（治外法権）。

などが主な内容だった。残念ながら、日本が関税自主権を失い、外国人に治外法権を認めるという不平等条約だった。

勅許を得ない条約締結に尊皇派は猛反発、これに対し井伊は「徹底弾圧」で抑え込みをはかる。幕府批判の公卿、大名、幕臣を処分、捕縛。橋本左内、吉田松陰らが死刑、梅田雲浜が獄死。かけがえのない人材が失われた。「安政の大獄」である。

そして安政七年（一八六〇）三月三日、雪降りしきる桜田門外で、井伊は脱藩の水戸浪士らに襲われて落命。幕府の覇権は地に堕ちる。この「桜田門外の変」のあとも、血で血を洗う幕府対討幕派の抗争が続き、歴史の歯車は、徳川幕府の終焉、明治維新に向け、大きく回り出すのである。

5　中島三郎助という生き方

クロフネに最初に乗り込み、「西洋と最初に出会った日本人」となった中島三郎助のその後を見ていきたい。

三郎助はクロフネ来航の折り、副奉行と詐称して乗艦、米側との交渉に道筋をつけた。恐れていた詐称についての咎めはなく、逆に幕府から、大型洋式軍艦鳳凰丸（帆船）の建造を申しつけられる。父清司と共に船大工を指揮して建造した鳳凰丸は、長さ一二〇尺（約三六メートル）、幅三〇尺（九メートル）、大砲一〇門装備の本邦初の大型洋式軍艦で、嘉永七年（一八五四）五月に竣工した。船体は肋骨を配して厚さ五寸の外板と厚さ三寸の内板を張って構成、喫水線以下は銅板を張り詰めた洋式軍艦で、後年の勝海舟らの「外観は洋式でも船体構造が日本式で脆弱、遅鈍」といった批判は的外れである。残念ながら蒸気船ではなく帆船だったが、これは三郎助の限界ではなく、蒸気機関を持ち得なかった当時の日本の限界である。品川沖でのお披露目の際、外国船と見間違えられ、危うく自国の軍艦から攻撃されそうになるほどの見事な出来で、長州の桂小五郎が造船技術を学ぶため三郎助の家に弟子として住み込んだ、というエピソードも残っている。

三郎助はその後、選ばれて長崎の海軍伝習所の一期生となる。高島秋帆が創設した高島流砲術を修め、砲術巧者だったことが選ばれた理由だったという。そして海軍伝習所でオランダ人の教官から航海術、砲術、蒸気機関などについて厳しい指導を受け、蒸気軍艦の運行技術も習得、三年後には江戸・築地の軍艦操練所の教授方に。長崎から江戸へは、幕府が英国から買い付けた鵬翔丸を利用、六〇余名を乗せた実際の航海を、中島三郎助らが取り仕切った。

この海軍伝習所時代に勝海舟、榎本釜次郎（後の榎本武揚）らと知り合い、手を携えて多くの海軍軍人を育成、三郎助は草創期の幕府海軍を支える中心人物の一人となっていく。

三郎助は一時、家督を長男の恒太郎に譲って引退するが、榎本らの推挙で現役復帰、開陽丸の軍艦出役、軍艦役並勤方（上級士官）、小十人格軍艦役に昇進、身分もお目見え以上の旗本となった。しかし、徳川幕府はあえなく崩壊。薩長中心の新政府に与するのをよしとせず、榎本武揚らと共に軍艦を率いて蝦夷地へ。「共和国建設」の夢を追うが、明治二年（一八六九）五月一六日、官軍の総攻撃を受け、二人の息子、恒太郎（二二歳）、英次郎（一九歳）と共に箱館・五稜郭の前線基地の要塞・千代ケ岡陣屋で戦死。享年四九。「西洋に最初に出会い、最後のサムライとして死んだ日本人」といわれる。

浦賀俳壇の中心的存在といわれた俳人で、雅号は木鶏。次の句が辞世の句だった。

中島英次郎肖像鶏卵紙
（下岡蓮杖写）

中島恒太郎肖像　鶏卵紙
（下岡蓮杖写）

ほととぎす　われも血を吐く　思いかな

木鶏

なお、「残された三郎助の末子与曽八はこの時二歳、佐々倉桐太郎ら父の僚友たちの庇護を受け、長じて亡父の跡を継いで海軍に進み、機関中将に至る」（金澤裕之、前掲書）。見事な海軍一家である。

なぜ、三郎助は徳川幕府に殉じたのか。大島昌宏は小説『北の海鳴り』の中で、こう語らせている。

下田奉行以来八代、恒太郎では九代に渡る与力職として徳川家から受けてきた恩顧に報いるためである。二君に見（まみ）えずとの意地もあり、隠居の身から取り立ててくれた榎本への恩義も感じている。多くの病を抱えた身として、このまま無為に朽ちていくより船の上で最後の死花を咲かせたいとの気持ちも強い。

三郎助の孫の中島義生が編んだ『中島三郎助文書』（私家本）に、三郎助が陣中から妻すずに送った明治元年十月十六日付の書簡が収められている。

一筆申進候。追々寒気相増候得とも、御替りなふ御くらしと目出度そんじ候。

（中略）

一　我等　恒太郎、英次郎等万々一うち死いたし候へハ　浦賀の寺へ墓御立可被下候。如此ニて、何所ニてうち死或は軍中ニて死去之趣、墓へ御切付可被下候。右の通り御頼申候。先ハ幸便にまかせ早々。めでたくかしく。

三郎助

時雨月十六日

御寿々殿

また、死が間近に迫る明治二年四月七日、陣中から妻すずに宛てた手紙には、こんな歌が添えられていた。

われ死なん翌日《あす》ハ仏の生まれし日

西上人の古詠をおもひて
我もまた花のもとにとおもひしに
若葉のかげにきゆる命歟《か》

横須賀市には、「中島三郎助と遊ぶ会」がある。三〇年の歴史を持ち、会員約五〇人。三郎助の何が、彼らを引き付けるのか。

同会会長大内透（七六歳）は、五九歳の時、三郎助への「追っかけ旅」をした。ふとしたことで知った三郎助の誠実さに強い感銘を受ける。妻にも同僚、部下にも誠実に接し、徳川幕府に至誠を貫いて殉じた三郎助。また、当時、中学のPTA会長で、親子関係に悩む多くのケースを見ていた大内には、固く結ばれた三郎助親子の絆がまぶしかったという。

三郎助が見た海、山を自分の眼で見て考えたい。車を自分で運転し、六五日かけて三郎助終焉の地、函館・五稜郭近くの中島町にたどり着く。同町内会は「中島三郎助父子終焉の地」の石碑を建て、毎年、碑前祭を行っていた。中島町の町名も、「中島三郎助の終焉の地。彼に因み、ぜひ、中島町に」という町内会の強い要望で実現したことを知る。

「中島三郎助と遊ぶ会」副会長の安齋孝夫は、幕末の歴史が好きだった。五〇代のころ、三郎助の存在を知り調べていくと、彼こそが幕末の全歴史を生きた人物だと気づく。与力として初めてクロフネに乗り込み交渉した男が、箱館・五稜郭の戦場で戦死、文字通り、幕末の幕引きの当事者になっているのだから。

酒場で偶然、知り合った大内の勧めで「遊ぶ会」に参加、今では会の活動の中心を担う。今年（二〇二三年）もメンバー六人で、函館・中島町の碑前祭に参加した。「浦賀さん、浦賀さんといって我々を歓迎してくれる。浦賀と函館が三郎助を介してつながっている」と安齋は言う。

三郎助終焉の地の北海道函館には、中島町の町名が残るが、その名を選んだ地元民の思いとは……。昭和六年（一九三一）の町区域変更の際、地元民の強い希望で誕生した町名で、町会長を務めたこともある船山圭右は、次のように綴っている（『中島三郎助文書附冊』）。

……奮戦つたなく、ついに敵弾に　倒れる。そのとき三郎助の胸中に去来したものは何であったか、……瞼の裏にうかんだものは、故郷浦賀ののどかな海の風景ではなかったかと思えてなりません。

しながどり　あはの下山　かすみたち
さがみの海に　春はきにけり
（永胤）

今、その名は函館に残されています。私たち町民には、何か誉れ高い実家の祖父のような親しみを覚えさせてくれる名前であります。手紙に、書類に、誇りをもって中島町という字を書き込みたいと思っております。

浦賀（神奈川県横須賀市）、中島町（北海道函館市）。二つの街の交流はもう三〇年になる。浦賀の「中島三郎助と遊ぶ会」のメンバーが、函館の「中島三郎助父子碑前祭」に参加する形で、近年はコロナ禍で数人と少人数だが、かつては三〇人を超えたこともある。泉下の三郎助が、二つの街の交流、親睦を支え続けているのだ。

話を浦賀に戻す。大内と安齋の二人から話をうかがった後、私は渡し舟で浦賀湾対岸の東浦賀地区に向かった。対岸までの距離二三〇メートル、舟での所要時間一分半、一日乗船券六〇〇円。

東浦賀地区の浦賀山立像院東林寺には、三郎助父子三人の墓がある。大人の背丈より少し低い墓で、三郎助と二男英次郎の墓が隣合わせ、三郎助の墓の正面に長男恒太郎の墓が立つ。どの墓も、側面や背面の文字は読み取れない。三郎助が妻に頼んだ「死去之趣」は刻まれているのだろうか。

墓に手を合わせながら私は、日本の写真の開拓者・下岡蓮杖撮影の父子の写真を思い浮かべていた。『中島三郎助文書』の冒頭に載る写真だ。恒太郎二二歳、英次郎一九歳。二人の息子は、涼やかな目元が父に似る美青年である。そんな若者の命を奪った戦場《いくさば》の非情、幕末という時代の過酷が、改めて胸に迫ってくる。

縦一列でも、横一列でもない父子の墓の配置は、戦陣で肩を組む父子三人の姿にも見えるし、囲炉裏を囲み、談笑するときの位置関係にも見える。泉下で三人は今、何を語り合っているのであろうか。

中島三郎助の墓＝横須賀市東浦賀の東林寺で（著者撮影）

近くの東叶神社の裏山（丘というべきか）に登り、ウバメガシの木の濃い緑の葉の間から、クロフネが最初に姿を見せた浦賀の海を見る。標高五三メートル。

梅雨が近いのか、空にはいくつか雲が浮かび、海の色も紺碧とはいかないが、その鈍色の海を小さな漁船が白い航跡を残しながら、沖に向かっている。対岸に房総半島の山々が横たわる。文字通り、「指呼の間」である。

クロフネは、当時の最大の和船千石船に比べると排水量で約二〇倍、船長で約四倍の巨体だ。浦賀の村人は、クロフネ艦隊に度肝を抜かれつつ、新しい時代の予兆を嗅いだのであろうか。

世の中が一八〇度転換するとき、ひとはそれぞれの選択を迫られる。古い時代に殉じるという、三郎助のような生き方、選択がある。

一方、三郎助と共に箱館・五稜郭に拠って共和国づくりを夢見た榎本武揚は、死を覚悟して降伏。しかし敵将だった黒田清隆が「彼の才能は、これからの時代にどうしても必要。死なせるわけにはいかない」と助命運動に奔走。榎本は二年半の獄中生活の後釈放され、乞われて新政府の要職を歴任する。

作家・佐々木譲は『武揚伝』の巻末を次のような一文で結んでいる。

釈放された後、武揚は身に付けた国際感覚や専門知識を生かし、外務官吏、技術官吏として、日本の近代化に尽くした。

開拓使出仕、駐露全権大使、清国駐在全権大使、逓信大臣、文部大臣、外務大臣、農商務大臣等、就いた職を並べると、要職を歴任して明治政府内で出世したように見えるが、そうではない。明治政府の手に負えぬ事業が出てきたとき、そのつど武揚がそのプロジェクトの現場と実務の責任者を引き受けたということである。武揚は黙々とこれらの仕事をこなした。栄達は求めず、政争には加わらず、回顧録を記すこともなく、ただみずからの専門能力を十全に生かすべく働いたのだった。

（中略）

政界引退の直前には、農商務大臣として足尾銅山を視察、足尾銅山の操業停止命令を出している。また武揚が、旧幕臣や箱館戦争当時の部下に救済と福祉に、終生、力を尽くしてことも記しておかねばならないだろう。

榎本釜次郎武揚、明治四十一年（一九〇八年）十月二十六日没。七十二歳だった。墓所は駒込吉祥寺である。

三郎助、榎本とも違うもう一つの道、新政府への仕官を拒否したグループがある。栗本《くりもと》鋤雲《じょうん》、成島柳北らが代表例だ。二人はともにジャーナリズムの道を選ぶ。

栗本は、幕末、外国奉行、勘定奉行などを歴任。新政府からも出仕の誘いを受けるが、それを潔しとせず、ジャーナリストの道に進み、横浜毎日新聞、郵便報知新聞などで健筆を振るった。

成島は安政三年（一八五六）、将軍侍講となり家定、家茂に侍講した。慶応三年（一八六七）には外国奉行もつとめている。明治新政府から文部卿就任を要請されるが受けなかった。明治七年（一八七四）、朝野新聞を創刊して初代社長になっている。このグループ、ことに成島の筆からは時として韜晦が滲み、古い時代への愛惜がこぼれる。成島には新橋の花柳界を描いた戯作もある。

どの選択が正しい、といったことではもちろんない。それぞれが、それぞれの選択をするしかないのだ。

げに難しきは、一身にして二世を経《ふ》ることである。

コラム　日米贈物合戦

日米の和親条約交渉の途中で、二つの国の間で贈答品の交換が行われた。単なる贈り物ではなく、両国の「国力」の誇示であったことは言うまでもない。

アメリカ側が用意したのは、実際にレールの上を走るミニ蒸気機関車の模型と電信機だった。一周約一〇〇メートルの線路が応接所裏手に敷設され、連結された機関車、炭水車、客車が、煙を吐いて走行。心底、日本の見学者は感嘆、感動した。日本側の役人の一人は好奇心を抑え兼ねてアメリカ側に懇願、正装で機関車の屋根にまたがって試乗した。電信機の公開実験でも、一キロ離れた地点を電線で結び、日本語の声を一瞬で送って、日本人見学者の度肝を抜く。

米俵を運ぶ力士（『画報近世三百年史』より）

日本側のお返しは、艦隊乗組員全員への贈物としての米五斗入り二〇〇俵と鶏三〇〇羽。それを巨漢ぞろいの大相撲の力士が船に運んだ。

森田健司『かわら版で読み解く江戸の大事件』（彩図社）によると、力士の一人白《しら》真《ま》弓《ゆみ》肥《ひ》太《だ》右衛門《えもん》は二〇八センチ、体重一五〇キロで、首から米俵二俵を下げ、手に六俵の合計八俵を一度に運んだ。また、血気盛んなアメリカの水夫が三人がかりで、一七〇センチと比較的小兵の大関・小柳常吉に挑んだが、あっさりと片付けられてしまった。

「そんなことをやすやすとやってのける力士を見ていると重い肉塊はカゲロウで、荷物は羽毛のように思えてくる」と、アメリカ側は率直な驚きを示している（『ペリー提督日本遠征記』）。

最先端の科学の力と力士の力――。それは二つの国の、その時点での立ち位置を映し出していた。アメリカの科学に大相撲力士をぶつけた日本側の「素朴な開き直り」を、私個人は「それはそれで悪くない」と思うのだが、どうであろうか。

第一〇章　不安の時代——コレラ、そして大地震

1　恐怖の病

安政五年（一八五八）八月、「恐怖の病」が磯子村に襲いかかった。「コレラ」である。村はずれの磯吉がこの病に取りつかれたと聞いたとき、惣太郎は震え上がった。「クロフネ来航」でもたじろがなかった惣太郎だが、この病には抵抗の術がないのだ。発熱、吐しゃ、震え――。取りつかれたものは一日か二日で「枯死」するという。惣太郎ができたことといえば、軒先に、

このたび、神田大明神の社にて
きたいの童子何になれ
我姿を朝夕見る者は
此度の病難を逃るべしと
教えて消え失せ給う

の病除けのお札を貼ることだけだった。これは村役人の磯右衛門か

〈コレラ除けのお札〉

ら教わったことである。

コレラを日本にもたらしたのはアメリカの軍艦ミシシッピ号だ。先に日本に開国を迫ったペリー艦隊の四隻のうちの一隻である。安政五年五月、上海でコレラに感染した船員と一緒に、長崎港に入港。コレラは長崎の人びとにもひろがり、六月には患者は一日に、二、三〇人にのぼったという。

そして、この恐怖の病は長崎から東海道ルートで東上、七月下旬には江戸に達し、一説では江戸だけで一〇万人の死者を出したといわれている。東海道の保土ケ谷宿の助郷だった磯子村に入り込む恐れは、十二分にあったのだ。

当時の人びとがこの病をどの位、恐れたか。茅ヶ崎市の旧家に残る「安政五年八月　コレラ流行風聞書上」からは、当時の人びとの恐怖のさまが、ひしひしと伝わってくる。


七月中旬頃より世情に怪異之病気流行して為之に死消すること挙てかぞへがたし、一帯此流病之起迫は、風と魂飛眼くらみ、覚えす転倒するより吐瀉甚しく相成、暫時之内惣身冷えわたり、薬汁を腹容せす、気血を洩し虚腹となり、一日か二日にして枯死す、嗚呼天なるかな命なる哉、最初御内府市中などは三日転りと唱へけるか、八月に至りてハ二日転り、一日転りなどといひはやし……

江戸期の民衆はコレラをどう受け止めたか――。柿本昭人は『健康と病のエピステーメー』で、安政コレラに直面した人々の意識、理解の仕方を、二点にまとめている。「つきもの」と「仕切り」の二つだ。

「つきもの」とは、狐憑きの様な憑きものの一種とみなす見方。もう一つの「仕切り」は、この世とあの世のさかいが歪み、異界にあったコレラがこの世に侵入してきた、とする理解である。

「仕切り」の乱れに対しては、異界のものを元の場所に押し返す、が対応の中心となる。「探幽の戯画百鬼夜行の内、ぬれ女の図を写し、神社姫と号して流布」するのがいい、とされた。

コレラはコレラ菌を病原体とする経口感染症で、一日数回の下痢、低体温、血圧低下や筋肉の麻痺などを引き起こす。治療がなければ数時間で死亡する場合もあり、いまでも全世界で毎年、三〇〇～五〇〇万人の患者が出ている。病原菌発見以前の江戸期の人びとが、恐れ、おののいたのは無理もない。「虎狼狸」、「虎狼痢」と表記したり、「即死病」と呼んだことからも、恐怖のほどがうかがえる。

2 「急病療治薬方扣帳」

磯子村の年寄・磯右衛門が安政五年九月に書き付けた「急病療治薬方扣」(「堤家文書一—五七四」)は、磯右衛門が「村びとのために」と必死で収集したコレラ対策集だ。もとより科学的根拠はないが、彼の必死の思いは伝わってくる。

前書きに、こうある。

異国のアメリカ、ヲロシヤ、イキリス、ダッタン、フランス　右外国より始めて渡り候難病と申す者もこれ有り……

蘭学医師などはコレラメと申す病気と申す者もこれ有り……。後代心得のため、その節の病難除《よ》け、ならびに療治方、左に相記し申し候

狐については、「右国(アメリカ、ヲロシア、イキリス、ダッタン、フランス)より、悪狐八万余この日本へ離し候て人民をとり殺すと言う人もこれ有」と、狐憑きとは少し違う見方を紹介している。

さて、磯右衛門が書き付けた対策だが、まず「午の年　四分の悪しきを逃れんと　六分の内に入るぞ　こひしき」など、災厄続きの午年（安政五年）をなんとか乗り切ろうとの願いを込めた守り札や除災札を軒先に張るなどの「神頼み」を紹介する。さらに「身を冷やす事なく、腹には木綿を巻き大酒大食を慎み」、「芳香散を調合して湯で呑む」など、お上からお達しのあった療法の他、「石を焼き、酢の中に入れ、その香気を度々、かぐべし」などの民間療法を紹介している。

幕府も対策にやっきとなる。「祈祷をやれ」との命令まで出す。これに応え、三浦郡の下宮田村（現・神奈川県三浦市）の若宮社、鎌倉郡の八幡宮（現・鎌倉市）などで祈祷が行われた（『神奈川県史　通史編3』）。

九月中旬ころよりコレラは衰えをみせるが、ではどの位の患者が出たのであろうか。武蔵国、相模国全体についての数字はないが、相模国高座郡一之宮村組合二八カ村についての数字が残されている。二八カ村中二〇カ村は死者なし、残りの八カ村の死者は三六人（男二一人、女一五人）だった（前掲書）。特にひどかったのが下寺尾村（現・茅ケ崎市）で、男九人、女四人の計一三人。因みに武州・磯子村でも男四人、女一人の死者を出している。

3　疫病が世界を変えた

疫病の流行は、しばしば社会を一変させる。典型例が黒死病と呼ばれたペスト。一四世紀の「ペスト大流行」は、「中世社会を転覆させた」といわれる。

一三四七年にイタリア・シチリアに上陸したペスト菌は、翌一三四八年にはヨーロッパ各地に広がり、ついにはアイルランドにまで達する。犠牲者（死者）の数については諸説があるが、一三四七年から一三五三年まで（第一次流行期）に全世界で七〇〇〇万人、西ヨーロッパで三〇〇〇万人程度だったのでは、とみられている。全人口の三分の一ないし半分が犠牲になった計算だ。中世社会を恐怖のどん底に叩き落とし、「メメント・モリ（memento mori）」（死を想え）の標語が人々を深くとらえる。

ボッカチオの「デカメロン」（十日物語）は、そんな時代のイタリア・フィレンツェが舞台。七人の淑女と三人の紳士がペストを逃れて郊外の館でともに暮らし、一人が一日一話ずつ物語を語り、一〇日で百話を編むという趣向である。その冒頭でボッカチオはペストを前にした人々の三つの行動パターンについて語る。第一のグループは、気の合った仲間と一緒に郊外の快適な家で生活、きわめて節度ある食事、飲酒などをする。反対に、欲望のおもむくまま、食べ、飲み、歌うというのが第二のグループ。その中間の「何事もほどほどに」が第三のグループ。しかしどのグループもペストの魔手から逃れることはできない。

「デカメロン」で語られる一〇〇話の中身は、とても中世に書かれたものとは思えない代物である。恋あり、冒険あり。純情もあれば奸計も。艶笑談もふんだんに出てくる。欲望、だましあい、好色――何と人間臭い物語であることか。これは周りでバタバタと人が死んでいく中で、ボッカチオが懸命に謳った「生きる者のうた、人間賛歌」だったのではなかろうか。ここではすでに「神の時代・中世」は乗り越えられている。人間復興、文芸復興の「ルネサンスのさきがけ」といわれる所以である。

ペストによる死者で農村の労働力は決定的に不足、領主社会の根底が揺らぐ。それにバタバタと死んでいく人々に、救いの手を差し伸べなかった神への、人々の「ある種の不信感」が重なり、中世（神の時代）は、その幕を降ろすのである。

「BC」、「AC」という言い回しがあるそうだ。「BC」は「ビフォー・コロナ」、「AC」は「アフター・コロナ」の意である。さて、ペストが中世を終わらせたとするなら、新型コロナは、何を終わらせるのか。新型コロナとの戦いは、アフター・コロナに、どんな社会を構築するのか、という戦いでもあるはずである。

4　安政の大地震

コレラ襲来に先立っての安政二年（一八五五）一〇月二日、江戸が激しく揺れた。「安政大地震」である。マグニチュード7前後の直下型地震とみられ、家屋倒壊に火災が続発、大惨事となった。

「武江年表」の記述――。

大地俄に震ふ事甚く、須臾《しゅゆ》にして大廈《だいか》高牆《こうしょう》を顛倒し、倉廩《そうりん》を破壊せしめ、剰《あまつさへ》その頽《くずれ》たる家々より火起り、熾《さかん》に燃上りて、黒煙天を翳《かす》め……江戸に於ては元禄十六年以来の大震なるべし。

江戸の各地区の被災状況も詳細に記している。

△御曲輪内、……巨財瓦屋の焼崩るゝ音天地を響かし、再振動の声を聞く。

△谷中天王寺五重塔は、九輪計り折て落る。
△浅草田町の辺、潰家、殊に甚し。

被害が特にひどかったのが、地盤の軟弱な下町だ。北原糸子が悲しい物語を報告している（『安政大地震と民衆』）。

狭い地域に異常とも言える程の死者を出した吉原の場合は、犠牲者の殆どが焼死であったといわれている。吉原の出火は、地震の直前とも直後ともいわれ、真偽は決め難い。遊郭という周囲の出入りの自由がない特殊な構造、二万坪弱に人口一万人弱という高密度、しかもその大部分が女性で占められるという特殊な条件が、数多くの死者を出す結果になったのである。公的な調査では死者は六三〇人であるが、当時の人々は、二〇〇〇人とも三〇〇〇人とも噂した。

おはぐろドブに架かる刎橋《はねばし》を降ろすいとまもなかった、という報告もある。

江戸全体の死者は奉行所調べで四二九三人となっているが、実際の死者はこれを大きく上回るであろう。

「安政大地震」（『画報近世三百年史』より）

震央は東京湾北部とみられるが、神奈川の地も激しく揺れた。武蔵国橘樹郡生麦村（現・横浜市鶴見区生麦町）の関口家の歴代当主五人が、代々書き継いだ関口日記の同年一〇月二日にはこうある。

> 今夜四ツ時前大地震暫時居宅ハ小破土蔵新古共壁落大破ニ成
> 岸久兵衛宅山崩レ潰レ怪我無之
> 同権七宅潰レ四才之小児死失……

神奈川の地でも、死者まで出る大地震だったのだ。

鈴木藤助日記も二日、「夜四ツ時大地震夫々度々地震」と記している。その後、「地震あり」と記されている日が、一〇月は二日の他に二〇日（間）もある。ほとんど連日である。一一月も一四日（間）、一二月も六日（間）に及ぶ。

日本列島はその後も、安政八戸地震（安政三年）、芸予地震（安政四年）、飛越地震（安政五年）と、揺れ続けた。

5 「世直り」と「世直し」

北原糸子は安政地震後、鯰が地震を引き起こす鯰絵がかわら版などで普及、民衆に受け入れられたことに触れながら、人間の災害心理について、次のような興味深い視点を提示している（『安政大地震と民衆』）。

震災後の救助活動や災害景気は、非日常という限定はあるものの、不断の抑圧的状況を離れて、或いはそれがある故に却って一層強く経済上・生活感情上民衆の自己充実・自己回復が遂げられること、その自己充実は鯰絵にみられるような地震＝鯰の歓迎として表現され、これらかわら版が巷間に流布したこと、地震の前々年（嘉永六年）ペルリー来航によって高まっていた外圧に対する社会的緊張は、民衆の間にあっては地震を契機に、一層の危機感の醸成ではなく、世直りへの期待感と解放感に転化したことなどである。このことから、安政江戸地震後の社会状況を文政一三年（一八三〇）のお蔭参りと慶応三年（一八六七）のええじゃないかの中間に位置する民衆的集団運動に準ずる社会現象と捉え、宗教的社会現象たるお蔭参りが、宗教的政治現象たるええじゃないかに方向転換する媒介項の役割を果たすものであったと捉えることも可能ではないかということである。

併せて宮田登の『日和見』の次の一節も紹介しよう。

「世の終わり」は、この世が大地震とか、大飢饉とか、大災害の連続で世界すべてが行き詰まってついにこの世が終ってしまうと認識する思考である。……そこでメシアたるミロク(注)が出現して世直しがおこなわれるという考え方と、ミロクがやがて出現するから、それに合わせて次第にこの世を変えていくという世直りという考え方との二つがあって、この両者とも共通して、大災害が起こるとかならずそのあとに素晴らしいユートピアが出現するだろうと考えている。鯰絵を分析した北原糸子や気谷誠が、そこには災害ユートピアという考え方があると指摘している。大地震が起こってこの世がすべて終末になり、完全にだめかというと、そのあとには豊年満作の、豊かな世界が約束されている。したがって地震が世直しとよばれたのは、世界が終わったあとにふたたび素晴らしいユートピアが出現するであろうということが潜在的に期待されていて、それがミロク信仰の支えになっているし、また「世直し」の機会にもなっているということになる。

不安と世直し・世直りへの期待とがないまぜとなって沸騰する社会、世情。徳川幕府の終焉が、眼前に迫っている——。

注…ミロクとは「弥勒」のこと。釈迦滅後、五六億七〇〇〇万年たってこの世に下り、衆生を救う、とされる。

第一一章——ひとびとの戊辰戦争

1　多摩川築地河原

慶応二年（一八六六）六月二五《ママ》日（一五日が正しい）、雨の多摩川築地《ついじ》河原（現・東京都昭島市）。正午過ぎ、佐藤彦五郎指揮の日野宿組合農兵隊のゲベール銃が火を噴いた。対するは武州世直しの「暴民」三千。斧、鎌、棒など農具のみを手にし、鉄砲などの武器を持たないことを申し合わせていた一揆勢には、洋式小銃ゲベール銃に抗する術などない。銃撃のあと、散を乱して逃げ惑う一揆勢を農兵隊の剣槍隊が追走、抵抗なき「土民」を次々に切り倒した。

農兵隊の一方的な勝利。翌日、「捕虜となりし者六十余人」を役人に引き渡す。河原には一三の死体が残っていたが、多くはすでに片付けられたとみられる。（佐藤俊宣《としのぶ》「今昔備忘記」による）

また、鈴木藤助日記も、日野宿の有山重蔵からの手紙を書きしるしているが、農兵側が一方的に一揆勢を打ちのめしたのは間違いないようだ。

「此方ニて鉄炮打出シ直様舟へ相乗向岸へ上り候ニ付、先方大キに驚キ早速駆出し候、後ろより鉄炮打掛、又鎗・刀ニて一揆共拾五人討取弐拾人余搦取候ニ付、一揆共悉く散乱……」

村役人たちは村の責任者たる立場を放棄、こうした現場を、遠巻きにして見ているだけだった。

後日、彦五郎の農兵隊の勝祝の宴が開かれる。

「崖下へ三人追込、一人、懐より新しきセキダ草履を出し、命助からんと歎く。自分ハ其品を受取り、後ち手を合せし三人を切り殺したり。其時ニ眼をグリグリせし有様今眼前ニあり」などの「武勇伝」が、笑いながら次々と披露される。ここには、「農民が同じ農民を殺す」ことへの罪悪感など微塵もない。戦いの場における兵士（農兵）の「心の荒廃」が悲しい。

冒頭の「戦闘」の模様は、隊を率いた佐藤彦五郎の長男俊宣が、父親から聞いた話などを「今昔備忘記」として書き残したものだ。彦五郎は新選組の近藤勇、土方歳三、沖田総司らと共に天然理心流を学び、稽古に励んだ剣友。土方の姉・のぶと結婚、長男として生まれたのが俊宣である。

彦五郎は日野に剣道の道場を開いていたが、多摩地方で農兵の取り立てが行われた際、日野宿組合中心の農民を組織（江川農兵）、自分の道場で鍛え上げた。終生、新選組の支援者で、俊宣のこの「今昔備忘記」も、菊地明ら編の分厚い『新選組史料大全』（中経出版）に収められている。

この築地河原の話が磯子村に伝わったのは旬日の後だった。その時、惣太郎は顔色を変え、「何てことだ！」と大声で叫んだ。明るい性格の働き者で、滅多に怒りの表情など見せない惣太郎なのだが……。

農兵側には「村を守る」の大義があったことは分かる。しかし、「窮民ヲ救う世直し」を旗印に立ち上がった農民を、同じ農民（のはず）の農兵が平然と殺せるものなのか。命乞いする農民は殺さずとも、捕虜にすることで目的は達成できたのではないのか。惣太郎はそう考えるのだ。どこにぶつけたらいいのか分からない、哀しみを伴う怒りを惣太郎は終生、忘れることができなかった。

武州世直し一揆と農兵について、改めてみておきたい。慶応二年（一八六六）は、武州の百姓、とりわけ山の民には厳しい年だった。天候不順、大霜で麦、菜種、桑、蚕が大被害を受ける。外の世界では、安政の開国により国内必需品も国外に流出、諸物価の急激、異常な高騰が起こる。生糸改印料の徴収も養蚕農家を苦しめた。

幕府は長州へ再征中。御用金の賦課も増加、兵糧米の確保を理由に地方市場で米の買い占め、売り惜しみが行われる。その裏で外国貿易で大きな利益を上げる横浜商人がいる。

当時しょこく（諸国）の商人共が／五こくこうえき（交易）するとのことよ／これがつのればわれわれ迄が／すえハうへじに（餓死）することなれバ／いっそ是より命ニかけて……

（口説節「新板打こわしくどき」竹弥板・注）

武州（世直し）一揆は、慶応二年六月一三日、奥武蔵の山間地域の上・下名栗村（現・埼玉県飯能市）の百姓たちが、飯能町の米穀商に米価値下げの強談（打ちこわし）に出向いたことに端を発する。村には水田はほとんどなく、山稼ぎが主な村びとには米の値上げは耐えられなかった。そうした下層農民が背負う三重苦、四重苦を背景に、蜂起はたちまち武州一四郡、上州二郡に広がり、幕末期最大の大百姓一揆となった。

一揆勢は、穀物屋・高利貸・地主などの豪農層に①米の安売り　②質品と借金証文の無償返還　③施米・施金――などを求め、豪農層の富の放出による「世ならし」（平均化）

を目指すという「思想・理念」と、「農具のみを持ち、刀、鉄砲などの武器は持たず、略奪行為や人身に危害を加えることなどを厳禁する」といった高い「道徳・倫理」とを掲げ、十数万人の民衆を巻き込んでいった。

第二次幕長戦争の最中である。主力部隊が不在だった幕府は、「体制の危機」を感じて大砲、鉄砲を先頭に岩鼻陣屋（現・群馬県高崎市岩鼻町）などに防衛ラインを敷き、一揆勢の横浜港への進行を阻止するため、銃で武装した農兵を多摩川河原に配置した。農兵への動員令、江川太郎左衛門役所からの通達には、「見掛け次第、打ち殺せ」（「村々農兵差出見掛次第可打殺……」）とある。

多摩川河原の戦い、岩鼻陣屋での戦いで、武器を持たない一揆勢は潰滅。蜂起の一三日から潰滅の一九日までわずか七日間で、世直しの理想は潰えた。しかし同時に、武力鎮圧しか術を持たない幕府、開港に伴う社会生活の激変に何ら手を打てなかった幕府の「無策」「失政」も露呈したのだった。

注…口説節とは、俗曲の一種で、市井の出来事、情話などを長編の歌物語にしたもの。江戸後期に流行した。

一揆勢鎮圧の主力部隊ともなった農兵は、伊豆の韮山を拠点に伊豆、駿河、相模、武蔵の幕府領支配を担当した代官・江川坦庵（太郎左衛門英龍）が天保一〇年（一八三九）、「海防のため、農民兵の採用を」と幕府に建言したことに始まる。「兵農分離」の封建制度の根幹にかかわる問題である。すでにこのころ、その根幹が揺らぎ出していたということであろうか。

英龍の存命中には採用されなかったが、その子英敏が文久元年（一八六一）、改めて農兵採用を建議、同三年、幕府から「支配地に限り、農兵採用を認める」との許可が出た。後に各地の天領、土佐、水戸、長州などの大藩のほか、譜代藩でも採用される。鉄砲なども貸与され、目的もいつしか海防から治安維持に広がっていった。

横浜地区でも綱島村寄場組合・川崎宿寄場組合農兵隊が慶応二年（一八六六）に組織される。農兵の設立を代官所に求めた「願書」によれば、綱島村寄場組合農兵隊の場合、農兵は壮健の者四〇人、世話係一〇人。川崎宿寄場組合の場合、世話係一〇人で、農兵の数は書かれていない。

翌年一月、許可がおりる。綱島村寄場組合は世話役一〇人、農兵は六〇人。川崎宿寄場組合は世話役一〇人、農兵四〇人だった。

世話役は、いずれも名主、または名主見習い。兵も訓練などの費用が自己負担だったため、ほとんどが名主の子弟だった。「村内上層部の自衛組織」である。

武器はどんなものだったか。川崎宿寄場組合の農兵隊の中核を担ったのは市場村だ。同村が慶応四年（一八六八）に官軍に鉄砲類を差し出した際の史料が残っているが、そこには「ゲベール銃三九挺、カラバイン銃二挺、ピストル三挺」との記載がある。代官所から貸与されていたものであろう。これらが農兵の武器、装備だったと思われる。

綱島村寄場組合、川崎宿寄場組合とも「農兵取立願書」に「秩父一揆勢の鎮圧」をはっきりとうたっている。この段階ではもはや、惣太郎のように「農兵も一揆勢も、同じ百姓」と見るのは「純情すぎる認識」ではあったろう。それでも私は惣太郎のそばに行き、「君は間違っていない。百姓が百姓を殺してはいけないよ」と言葉をかけ、肩をたたいて励ましてやりたい気持ちでいる。

なお農兵は横浜地区ではその他に、神奈川奉行所において「下番」と呼ばれる農民兵（農兵）が軍事訓練を受け、番所などの警備に当たっている。武州金沢藩では、慶応四年（一八六八）に農兵取り立てと銃隊調練を行うことを決定。農兵たちは歩兵と呼ばれ、新政府軍通行時の宿駅警備などに当たった。

東上してきた新政府軍は、かつて幕府軍の一翼を担った農兵隊を完全には信用してはいなかったようだ。新政府軍の東海道先鋒隊として横浜入りした備前岡山藩は到着早々の慶応四年三月一四日から、農兵隊の鉄砲回収を始めている。「背後から撃たれることを警戒したのでは」とみる研究者もいる。この鉄砲回収という武装解除で、農兵隊は事実上解体した。

2　そして明治維新へ

武州世直し一揆終息（慶応二年六月一九日）から、一気に大きく進む明治維新までの時代の流れをみていきたい。主に、横浜市歴史博物館・横浜開港資料館編の『戊辰の横浜』所収の「関連年表」に拠る。

慶応三年（一八六七）一〇月一四日、将軍徳川慶喜は、大政奉還を朝廷に奏請し、翌日勅許された。この大政奉還は、土佐藩の公武合体派だった後藤象二郎の「公議政体論」を受け入れたものといわれる。公武合体、諸侯会議による政治体制の立て直し構想で、欧米の議会制度なども視野に入れた当時としてはもっとも具体的な政権構想である。徳川慶喜には「大名連合政府をつくり、そこで徳川宗家が筆頭となり、国政の実権を改めて握る」という意図があったと思われる。

しかし――。まさにその一四日に薩長両藩に「倒幕の密勅」が下る。慶喜の目算は玉と砕けた。ここに江戸幕府は解消。家康が征夷大将軍に任じられた一六〇三年から二六五年目だった。さらに大政奉還から二カ月経った一二月九日、王政復古の大号令が発せられ、その夜の小御所会議で慶喜に辞官・納地を命令することが決まった。討幕派の追い打ちである。

この徳川幕府の実質的な終焉を、民衆はどう受け止めたのか。鈴木藤助日記は大政奉還について「京都大変之事」ありとして「上様京都ニテ……大将軍御職掌は、天子へ差上ニ相成候」と書き付けているが、藤助本人がどう受け止めたのかの記述はない。関口日記では、この件についての記述そのものが見当たらない。

「倒幕の密勅」を受けた薩長は、徳川幕府への攻撃の手を緩めない。慶応四年（一八六八）一月三日、旧幕府軍と鳥羽・伏見で戦闘を開始。戊辰戦争の始まりである。旧幕府軍は敗北。徳川慶喜は開陽丸で江戸に逃げ帰った（一月一二日）。

二月一五日、東征大総督有栖川宮熾仁親王、東征開始。二月一八日、武州金沢藩藩主米倉昌言は新政府に恭順、二一日には伊豆韮山代官江川太郎左衛門も新政府に恭順した。このため神奈川での新政府軍と幕府軍の軍事衝突は避けられる。わずかな衝突は五月二六日に起きた「箱根戦争」。徳川家回復を願う請西藩（現・千葉県）の藩主林忠崇らが箱根の関所を警備する小田原藩士らに発砲したというものだ。

三月七日、東海道を進んできた薩摩藩の兵士二〇〇人が神奈川宿に、六〇〇人が保土ケ谷宿に到着。地元の村々は夜着や布団などの供出を求められる。さらには足洗い用のたらいも。

新政府軍の通行にあたり地元は、江川・米倉両氏を通じて高一〇〇石についてそれぞれ三俵（四斗入り）、三両ずつ、賦課される。こうした「供出」に沿道の村々は、表立って異議申し立ては行っていない。地元の民に馴染みの江川、米倉両氏が新政府軍の命令を伝えることで抵抗が少なく済んだ、ともいえそうだ。

しかし沿道の民に、「熱烈歓迎」といった気配はみられない。名主層が、官軍と幕府軍が戦う上野戦争の前後、旧幕府勢力の彰義隊、仁義隊、報恩隊などから再三、金を要求されるさまが、鈴木藤助日記に記されているが、藤助は彼らの要求にも応じている。

その後、西郷隆盛が江戸に入り（三月一一日）、東征大総督府は三月一五日の江戸城攻撃を命じるが、一四日の西郷と勝海舟の会談で江戸城は無血開城となった。

この日一四日、五箇条の誓文が、明治天皇が京都紫宸殿で公家、大名、百官を率いて天地神明に誓うという形で発表された。新政府の基本方針で、「広ク会議ヲ興シ、万機公論ニ決スヘシ」など、五箇条からなっている。

その後の展開を列記すれば――。

五月二四日、徳川家の駿府七〇万石入封が決定。

旗本には、①新政府への帰順　②徳川家とともに静岡（駿府）に移住　③帰農――という選択肢が与えられた。磯子村ほかを知行していた星合氏は駿府への移住を選択する。それに伴い、家族はこれまでの「好（よしみ）ヲもって」、知行所村々に引き取られた。磯子村では、一五歳の「お銀様」が、名主平左衛門に引き取られる。

磯子村の堤磯右衛門の日記である「懐中覚　六番（堤家文書一―六九三）」は次のような記している。七月中旬と思われる。

一、星合斎宮様無高ニ相成、徳川亀之輔様駿府御入城の御供ニ付、是迄好ミをもって御知行所村々江御頼ミニ相成候御方様、左之通リ。

磯子村
名主　平左衛門方江
お銀様　拾五才

峯村

名主　四郎右衛門方江
おくわ様　拾九才

矢部野村

名主　平九郎方江
弁之介　拾四才

栗木村

名主　六左衛門方江
鶴松様　七才

「お銀様」は家族との別れに涙しただろうか。その後はどんな暮らしだったか。恋をしただろうか。その生涯を終えるとき「幸せだった」と言えたろうか――。残念ながらそれを知る手がかりを、私は見つけ出せていない。

七月一七日、江戸を東京と改める。
九月八日、明治と改元。一世一元の制を定める。
この新時代・明治について、民衆の受け止め方はどうだったか。

『武江年表』は「年号改元あり。ご即位によってなり」とさらりと書いている。鈴木藤助日記を調べたが、これに関する記述は見つけられなかった。

ここまで書き進んで私は、学生時代に傍線を引いて読んだある本のある個所を思い出していた。記憶があいまいなので、図書館で改めて調べた。

アメリカのジャーナリストのジョン・リードが、ロシア革命をルポした『世界を揺るがした一〇日間』。伊藤真訳・光文社で読み返すと、ペトログラードで労働者が武装蜂起、革命がなった翌日の一九一七年一一月八日の朝の模様が、こう報告されている。

うわべだけ見ればすべて落ち着いていた——何十万という人々は夜更かしせずに床に就き、早起きして出勤した。ペトログラードでは路面鉄道が走り、店舗やレストランは営業中で、劇場も開いており、絵画展の広告も目に止まる……。庶民の生活の（戦時ですら平凡極まりない）雑多な日常がいつもどおり営まれていた。

磯子村でもまた、大政奉還の日も改元の日も、百姓たちは何事もなかったかのように野良に出ていったのだろうか。

一〇月一三日、天皇東幸、江戸城に到着。
明治二年五月一八日、箱館、五稜郭開城、戊辰戦争終結。

3　何が変わったか

横浜一帯では、幕府軍と新政府軍の軍事衝突は起こらず、沿道の村々の民は米、金、夜具などを、江戸に向けて進軍する新政府側に提供するだけで、やり過ごしたようにもみえる。しかし、横浜市歴史博物館の主任学芸員小林紀子は、「何かが変わったはず」として、次のように書く。

東海道軍の進軍は、沿道およびその周辺村々の人馬と資金、物資なくしては成り立たなかった。つまり横浜市域の村々は、戦闘はないながら、戦争と関わっていた。一方、賦課される側の村々では、大規模な抵抗は見られない。……しかし新政府軍とともにもたらされた非日常の中で、確実に、従来の論理に変化の兆しがあらわれはじめ、人々は時代の変化を多少なりとも感じたのではないだろうか。

（「古文書からみる戊辰戦争期の青葉区とその周辺村々」）

私は、堤磯右衛門が、自身の日記である「慶応四年懐中覚　五番（堤家文書一―六九三）」に書き残した記述（三月六日）が妙に気にかかっている。

薩州先手、保土ケ谷宿迄宿割ニ下る、くわや泊り、然ル処相模屋方ニ横浜方役人体之もの酒喰、三味線ニて騒居候処聞付、右薩州勢立服（腹）、下々之苦ミを不存法外之遊方、手打ニいたすと申、抜身ニて切込、右遊之侍衆裏より逃げ去り、宿之者詫言いたし事済候事

何とも荒っぽいやり方だが、「下々の苦しみを考えず、酒、三味線にうつつをぬかすのは、どういう料簡か」と薩摩武士が横浜方を、刀を抜いて諫めようとした、というのだ。「下々の苦しみを考えず、……」の薩摩武士の怒りの声は、幕府贔屓（?）の磯右衛門にも重く響いたのではなかろうか。逃げ出す横浜方の姿に「ああ、時代は変わろうとしている」と思ったかもしれない。

東上する新政府軍を、沿道の人々がどんな気持ちで見詰めたかについての資料は持ち合

わせていないが、恐らくそれは二律背反であったろう。現在の、それなりの生活を破壊しようとしているのは新政府軍だ、という認識もあったろう。その一方で、幕府の治世に行き詰り、閉塞感を感じていたのも事実であろう。

そんな中で、もし沿道の人々が「下々の苦しみを考えず、酒、三味線にうつつをぬかすのか」という新政府軍の武士の言葉を耳にしたら……。やはり時代は変わろうとしている、と思ったのではないであろうか。

民衆とは、「非情な審判官」の謂でもある。神奈川の沿道の民衆も、無関心を装いながら、新政府側、幕府側双方の一挙手一投足、片言隻句に目と耳をそばだて、「どちらが去る者で、どちらが来る者か」「次の時代の治者は誰なのか」を厳しく嗅ぎ分けようとしていた、いや、嗅ぎ分けていたのではなかろうか。

4　磯右衛門の「懐中覚」

磯右衛門の「懐中覚」について触れたい。万延元年（一八六〇）から明治一〇年（一八七七）までの日記である。幕末から明治初期という日本の近代化の黎明期の真ん中を生きた磯右衛門が、現場での日々の仕事のさまを克明に記録した日記で、画才溢れる挿絵と相まって貴重な資料となっている。彼は日本初の本格的な造船所、横須賀製鉄所の築造工事にも従事しており、その折の記録は「日本産業史の欠かせぬ一ページ」といわれる
また、維新期の動乱には深い関心を示し、戊辰戦争開始時の薩長の勝利、新政府軍の関東押し寄せなども詳しく書き付けている。

慶応四年三月一四、一五日については、次のような記載がある。

一　薩摩勢高輪・品川之両所江多人数詰寄たり、川崎宿・神奈川宿は備様之御陣所、保土ヶ谷宿、戸塚宿は長州勢・尾張勢之御陣所、何れも厳重ニて往来之旅人、脇差を差し候もの通路相成不申……

一　箱根御番所は薩州・長州・土州ニて固メ居候事

どうやら磯右衛門はかなりの幕府贔屓だったようだ。例えば――。「江戸表所々」に貼られていた官軍揶揄《やゆ》満載の会津蝋燭の引札（宣伝チラシ）を、絵入りで日記に取り込んでいる。宣伝商品は会津藩特産の「三徳蠟燭」。引札では「三徳」とは「要害よし、城かたし、武威かかやく」。そして西国・中国あたりの安物の蝋燭とは違う、と強調する。さらに販売主の名が「薩長土切通し　会津屋彦右衛門」となっているうえ、尚々として「敵之

御為ニ不抱、麁末之鑓先呈上仕候」とあり、全体が、官軍風刺、批判の戯文となっている。また、日記は随所で、幕府軍勝利の局面、出来事を生き生きと伝えており、いきさつは分からないが、「千葉で官軍大敗走（慶応四年閏四月廿七日・八日）」という誤報もある。また、幕府軍が東北に後退して転戦するようになった後も、幕府軍が草色の布で体を覆い、草むらに伏せて、官軍を引き付けて撃つという「青艸の伏勢」を絵入りで詳細に説明するなど、東北情勢の記述を戊辰戦争の終結の明治二年まで続けている。

戦の報告だけではない。自らも関わった横須賀製鉄所での作業ぶりや、同製鉄所の官軍への引き渡し、フランス人技術指導者も加わった製鉄所の運動会などが、巧みなスケッチと共に紹介される。

まず、官軍への引き渡し――。自らも深く関わった製鉄所だけに、磯右衛門の筆にも、感傷が滲む。

慶応四年閏四月朔日
相州三浦郡横須賀表御製鉄所、正九ツ時、徳川家御役人中より官軍江御引渡ニ相成、立合居候もの如何ニも気之毒ニ存候何のトラブルもない静かな引き渡しで、その現場をつぶさに見ていたフランス人宣教師フェレは、驚きを込めてこう書いている。

日本の革命は、フランス革命に比べれば、ずいぶんと理性的かつ愛国的だった。……新参者たちは旧体制によって着手された製鉄所の建設をまったく放棄しようとも、もともとの働き手を屈辱しようとも譴責しようともしなかった。

同製鉄所のお雇いフランス人の数も、慶応二年(一八六六)が四三人、明治元年(一八六八)三三人、明治二年(一八六九)四六人、明治三年(一八七〇)三八人で、フランス人による技術指導にも変更はみられない。

次いで、製鉄所の運動会——。

慶応四年六月二七日

仏蘭西八月十五日、日本六月廿七日ニ当ル日

仏蘭西大君祭礼ニ付、なくさミに仏蘭西人・日本人うち交りさま〱のおもしろき

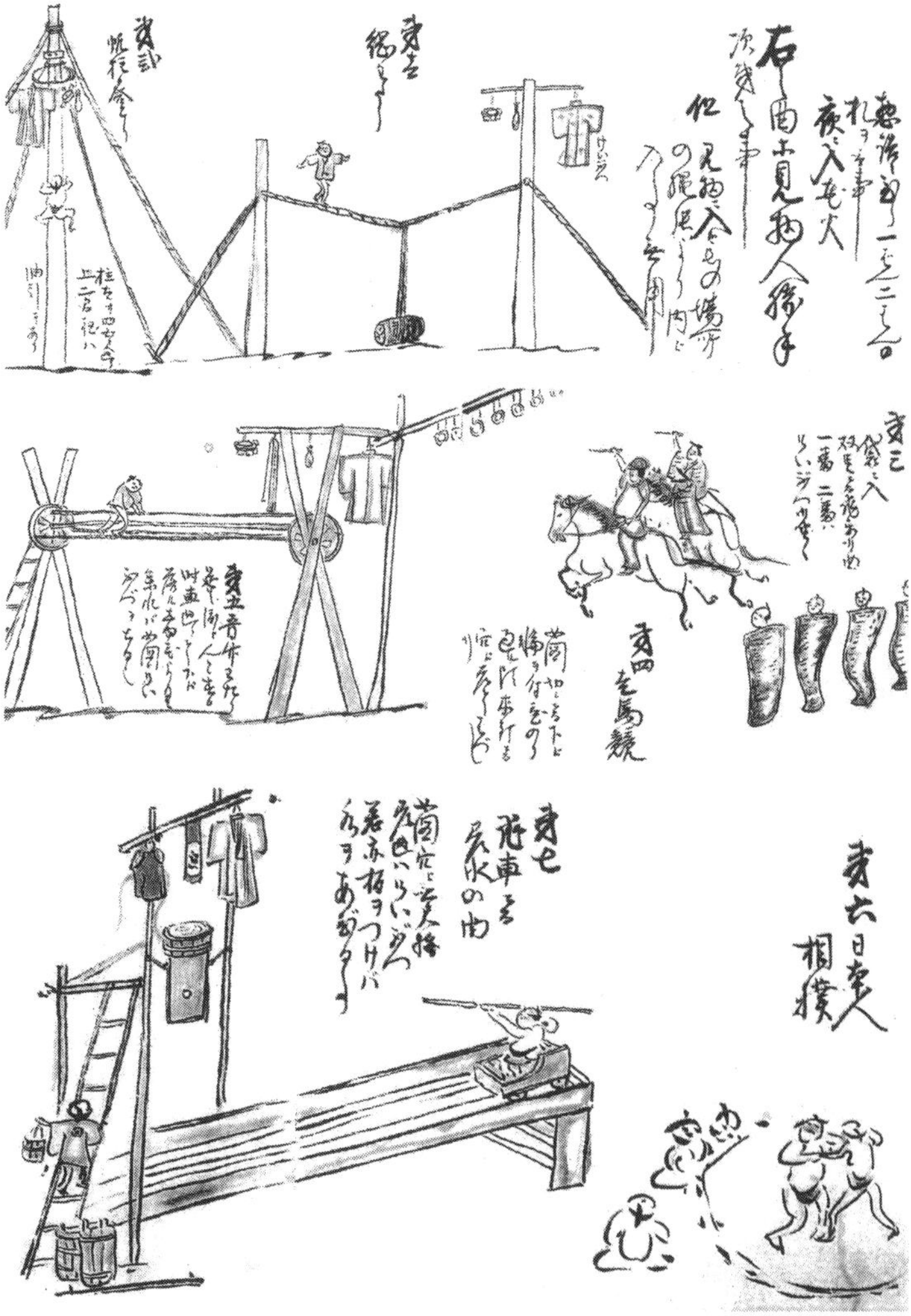

日仏の運動会

事いたす、番付左のことし

第一綱わたり、第二帆柱登り、第三袋ニ入双足ニて飛曲、第四走馬競、第五青竹わたり、第六日本人相撲、第七飛車ニて差水の曲

夜に入、花火

第一二章 ―― 明治新時代

慶応四年（一八六八）四月二〇日、新政府軍は神奈川奉行から平和裏に役所を接収、神奈川裁判所とした。この裁判所は現在のような司法機関ではなく、日本の要所に置かれた新政府の地方統治機関である。そして六月一七日には神奈川裁判所を神奈川府と改称、さらに八月二五日には神奈川（横浜）より一〇里四方の地を神奈川府の管轄とした。明治元年（一八六八）九月二一日、神奈川府は神奈川県となった。

磯子村の、明治の幕開けは――。明治初年の政府調査、「旧高旧領取調帳」によれば、磯子村の星合知行所の石高は約二〇七石。太郎兵衛が生きた安永六年（一七七七）が約二〇〇石であるから、微増である。また、横浜市史第二巻によれば、戸数も安政二年（一八五五）が八九戸、明治二年（一八六九）が九三戸で、安永六年の「およそ八〇軒」と大差ない。村は大きな変化のない佇まいのままで、明治の新時代を迎えたようにも見える。しかし、内実は少し違う。磯子村の隣村の森公田村に、安政三年（一八五六）の「田方御年貢下作取立帳」が残されており、榊原直孝の読み解きによれば、次のような事態が進行していた。

斎藤清右衛門は、〝持ち高〟からみると森公田村で三番目の資産家で、村の土地の約一割を持つ。複数の小作人を抱え、この年の小作料は計一九石。自分の田からの収穫は六石で合わせて二五石。年貢は約七石とみられるので、小作料一九石のうちから支払っても一二石、手元に残る。この時期、小作料は、実勢を反映して、検地の際に決定された石高の算定基準である「石盛」の一・一〜一・四倍に設定されていた。そして定免法中心のこの時期、年貢率は基本的には動かないから、この構造なら斎藤家は年を重ねるにつれ、財を増やし、確実に富農になっていく。小農と大農の格差は自然に広がっていったものと思われる。磯子村の場合、斎藤家ほどの土地持ちは見あたらないが、「富む者が年ごとに富んでいく」という構造は、同様だったのではなかろうか。

その磯子村では――。海では明和六年（一七六九）に一〇艘だった船数が、嘉永六年（一八五三）には一五艘となっている。流通、交易が進んだ幕末、明治初年、村にとって江戸は、ぐっと身近になっていたと思われる。奉公や出稼ぎで、村から江戸に出ていく人数は増えていたに違いない。

そんな中で、村では堤磯右衛門が日本最初の西洋式の石鹸づくりに粒粒辛苦の日々を重ねていた。三人目の主人公一六歳の吉田嘉平は、仏蘭西遊学に大きく胸をふくらませていた。新時代である。

1　堤磯右衛門の生涯

（1）生い立ち、歩み

「右石鹸製造創業の儀は……横浜三吉町四丁目二十六番地私宅ニ於テ経験ニ取掛リ候得共、素ヨリ原書は勿論、異人ヲ雇ヒ候ニモ不非、総而他ヨリ伝授シタル者ニ非ス……」（「石鹸製造経歴書」）

私はこの文章に接し、粛然とした気持ちになった。磯右衛門は石鹸製造の出発時、文字通り何も持たなかったのだ。製造法を記した原書はない。誰も教えてはくれない。異人を雇う余裕などもとよりない。実験室は自宅の一角……。「徒手空拳」で、彼は、「日本で初」という西洋式石鹸づくりに挑み、成功した。

明治四、五年（一八七一、一八七二）ごろから、東京・大阪・長崎・横浜に相次いで、石鹸製造所がつくられていく。「どこが石鹸工業の創始かを確定することは難しい」との見方もあるが、『花王石鹸五十年史』は、

「日本における石鹸の工業的生産の淵源は一八七二年（明治五）以前に遡ることはできな

い。すなわち日本におけるその起源はおそらく明治六年横浜の堤磯右衛門氏が、石鹸製造に成功したときに求めるべきであろう」

としている。

胸張って、この日本最初の「堤の石鹸」の物語を語りたいのだが、やはりその前に彼の経歴、歩みについて簡単にみておいた方がいいであろう。

堤磯右衛門肖像写真（堤芳正氏蔵）

天保四年（一八三三）、磯子村に生まれる。堤家は代々、名主役などをつとめる家柄で、当主は磯右衛門の名を踏襲する。石鹸の磯右衛門は第一〇代である。

幼名・元次郎。学を好み、画才にも優れていた。七歳から寺子屋で学ぶが、成績は群を抜いていた。

弘化四年（一八四七）、父が病死したため一五歳で家業を継ぐ。そしてペリー来航の嘉永六年（一八五三）、二一歳で百姓代に。この年、幕府が着工した品川台場建設の一部を請け負い、村の百姓一〇人とともに、土丹岩などを舟で運んでいる。

文久年間（一八六一〜）からは、江戸の土木請負業蔵田清右衛門の手代として、横須賀製鉄所、横浜製鉄所、神奈川及び品川四番台場、横浜居留地などの築造工事にかかわる。慶応二年（一八六六）には横須賀製鉄所の建設工事に従事。この工事は幕府直営の造船所をフランス人の指導でつくるというもので、多くのフランス人が働いていた。磯右衛門は彼らと積極的に交流、その技術や考え方を学んでいく。磯右衛門はフランス語の単語を書き付けた自分用の「辞書」もつくっていた。当時、彼が使用していた扇には、一面に細かい字で、和仏対訳が書き込まれていたともいう。それを見ながら、果敢に会話を試みたのだろうか。

明治にはいり、彼は建設請負業から転身、レンガと、灯台の点灯用油（菜種油）の製造を始める。鉄工所関係者から「将来有望」との情報を得て始めたとみられるが、これは成功せず撤退、いよいよ、石鹸製造に乗り出していく。

（2）国産初の堤石鹸

磯右衛門が石鹸づくりを思い立ったのは、石鹸の輸入額が年に二〇余万円だと、税関勤務の友人から聞いたからだという。「何とか国産で置き換えを。そうすることが日本の国益」と考えたというのだ。愛国者である。

自宅の一角の作業場で、孤独な実験を繰り返す。やっと手に入れたフランス語の原書で石鹸の原理を学び、試行錯誤の実験の結果、明治六年（一八七三）、「石鹸らしきもの」をつくることに成功。翌明治七年四月、資本金四千円で現在の横浜市南区万世町二丁目に製造所を開く。借金して建設という果敢な動きだ。

「おそらく四、五人の範囲を出ず、しかもそれは家族乃至朋友の提携」で、「零細手工業的（マニファァクチュア）工場と云はむよりも寧ろ本来の手工業に近い」ものではなかったかと、『花王石鹸五十年史』は書いている。

一応の技術的成功を収めたのは明治七年（一八七四）だが、経営の安定は明治一〇年（一八七七）ごろから。明治七年に一二八五円だった石鹸売上高が、明治一〇年には六八六八円、翌一一年は一万一一八〇円、さらに一四年には最高の二万四三三八円と、順調な伸びを記録していく。

明治一〇年（一八七七）には常雇が一三人。「賃金労働者としての雇用が本格的となり、マニファクチュア経営が確立した」（楫西光速『日本産業資本成立史論』）とみられる。

明治一四年（一八八一）ころから、各地の博覧会で数々の賞を受賞、各地からの研修生も受け入れている。この間、明治一二年（一八七九）には潮水でも使用できる海水石鹸、明治一四年には当時流行していたコレラ予防のための石炭酸石鹸もつくっている。栄光の時代だ。

しかし、好況、栄光は永くは続かなかった。不況の大波がやってくる。明治一九年（一八八六）、売上高は六九四七円に急落。明治二二年（一八八九）、二三年（一八九〇）には収支計算が赤字となり、堤工場は明治二三年に生産を止めた。

なぜか――。工場の乱立、品質の劣悪な、しかし安価な椰子油速製石鹸の登場、明治一四年から行われた紙幣整理による農村中心の深刻な不況。こうした荒波の中で、大資本の工場だけが生き残り、その他は消えた。工場制手工業の時代が終わりとなったということであろうか。

しかし、堤の工場で技術指導を受けた職人たちはその後、花王など多くの石鹸メーカーの技術を支えたといわれる。我が国の石鹸産業の揺籃期、「堤の石鹸」は、外国からの借り物ではない自らの技術で、確かな足跡と貢献とを残した。誇っていい。

（3）礒右衛門石鹸復活

「堤の石鹸」が復活した。一九八九年、横浜博覧会で、横浜開港資料館に所蔵されていた金型と、堤家の子孫が残していたラベルを使い、「堤磯右衛門石鹸」が復刻された。成分や製法は、現代人の嗜好に合うように変えている。

その後、二〇〇九年、横浜にまつわるオリジナルグッズの復刻などを行う「株式会社エクスポート」が再度、復刻。製造は「玉の肌石鹸」に委託した。石鹸は「磯右ヱ門SAVON」と命名され、横浜赤レンガ倉庫の店舗などで購入できる。日本が誇るべきすぐれた産品として、経済産業省が推進する「THE WONDER 500」に選ばれている。

2 嘉平、仏蘭西へ

おはようございます。私、吉田嘉平です。一族の三人目の登場ということになります。惣太郎は私の祖父、私は孫にあたります。

この物語で、苗字を正式に名乗るのは私が最初ですが、江戸時代に百姓は苗字を持たなかったというのは誤りです。公式の場で名乗ることはしなかった、ということです。

ことし明治八年(一八七五)、まだ一六歳の若輩で、語るほどの経験はありませんが、それでも張り切っています。仏蘭西(フランス)遊学が決まったのです。うれしくてなりませんが、その話は、もう少し先でさせていただきます。

安政六年（一八五九）に生まれました。六歳から滝頭の密蔵院の寺子屋に通いました。学んだのは、「今川」（今川了俊が書き残した家訓）、「式目」（法規）、それに「大学」「中庸」「論語」などの学問の書でした。午後は主に、習字などの手習い。勉強は好きだったと思います。

長じて横浜・太田町五丁目の私塾「同文社」に通い、学びました。塾主は川村敬三、塾生ざっと一〇〇人。実用の英語を身に付けることに主眼が置かれており、実際に横浜港で働いている年配者もいました。

英語を学び出してから、私の中に「いつか異国に」という思いがつのってきました。彼らは何を食べ、何に悩み、何を求めているのだろうか、日本人が彼らと心を通わすことはできるのだろうか。

どうやら未知なるものへの好奇心は、わが一族の抜きがたい「気質」であるようです。祖父の惣太郎も、ずいぶん、いろんなところに首を突っ込んだようですから……。

そんな私の思いを察したのでしょうか。八王子にいる叔父の富吉さん（父の弟です）が私に、

「おい、嘉平。勉強がしたいんだろう。心おきなくやれ。俺が全部、面倒を見る」

と言ってくれたのです。うれしかった……。

富吉おじさんはまだ若いのに、横浜港でのシルク貿易で売込商として成功、巨富を築いた、と父母が言っています。自分に子供がいないためか、私を昔から可愛がってくれました。若い日、自分が学びたかったのに、時代がそれを許さなかったという事情があるのかもしれません。

そうとなると私は、もう気がはやってなりません。どの国を選ぶか、です。富吉おじさんが一つだけ注文を出しました。

「いいか、嘉平。村のため、大きくは国のためになる学問をしてこい。個人の栄達など考えてはだめだ」

いま、陸軍の軍事指導教官はドイツ人です。幕末の指導教官はフランス人だったのですが、ドイツに取って代わられました。普仏戦争で大国フランスを破ったプロシア（その後のドイツ）こそが、後発の日本が世界に伍していくための「お手本」と、日本の指導者たちは考えたのでしょう。

プロシアの鉄血宰相ビスマルクは、岩倉具視率いる遣欧使節団にこう言ったといいます。

「万国公法というものがあり、それぞれの権利を保全しているようだが、大国はそれが自国にとって都合のいいときは守るが、不都合となれば簡単に無視して軍事力に頼る。だから小国がいくらそれを守っても、大国に踏みにじられるだけだ。ルールの尊重など考えずに、軍事力増強に努めよ」

しかし、この露骨な「力の論理」はいかにも危険です。日本の陸軍が、過ちを犯さないことを祈ります。とてもドイツに留学する気にはなれません。

残る候補はイギリスかフランスです。横浜には港近くに「イギリス山」「フランス山」と呼ばれる両国の軍の駐屯地がありました。ですから、ともに私たちにも身近な国です。また、横浜にあった「横浜製鉄所」で技術指導したのはフランス人です。

決めました。フランスへ行きます。そう決断したのは、私が尊敬するある政治家に関わる事柄からです。笑われそうですが、お聞きください。

尊敬する政治家の名前は榎本武揚。昌平坂学問所、長崎海軍伝習所で学んだ後、幕府の開陽丸発注に伴なってオランダに留学します。帰国後、幕府海軍の指揮官となり、戊辰戦争では軍艦引き渡しを拒否し、旧幕府海軍を率いて箱館に渡り、新政府軍と激しく戦います。オランダで学んだ豊富な国際法の知識を発揮して、ロシア、プロシアなど諸外国に「事実上の政権」と認めさせ、「蝦夷共和国樹立」に向け奮戦しますが、武運つたなく明治二年（一八六九）五月一六日、降伏。その前日、榎本はオランダ留学時代から肌身離さず持っていた、わが国に二つとない海の国際法「海律全書」を、「自分が死んでもこれからの日本に必要だ」として、戦火で失われるのを避けるため、新政府海軍総参謀黒田清隆

（通称了介）に送り届けます。これはとても並みの人間の出来ることではありません。受け取った黒田からは「貴下オランダ留学中に学ばれた海律全書二冊、本邦には無二の貴重書を、烏有《うゆう》に帰すを惜しまれ、皇国のためにお贈り下さり、感激しております」との礼状が届いたといいます。

この榎本の箱館での戦いに、旧幕府軍の軍事指導で来ていたフランス人の砲兵中尉ブリュネ、下士官カズヌーヴェら一〇人のフランス人が、「旧幕府側に加担して官軍と戦う」と箱館に参集、榎本軍のために戦いました。「義によって助太刀いたす」ということでしょうか。私は、すっかりうれしくなりました。

学ぶ国をフランスと決めたあと、これも富吉おじさんの紹介で、横浜港で雑貨を扱うフランス人デグロンさんの家でフランス語の個人授業を受けています。まだ、片言です。

いま、日本では地租改正で大揺れです。課税基準を収穫高から地価にかえ、税率を地価の三％として、現物納でなく金納に。土地所有者を租税負担者としました。地価とは地券に示された公定の土地の代価で、実際の売買価格ではありません。地価の算定は収穫高を基準に行うものとし、三％が従来の貢租と同程度になるようにと勘案された、というのです。しかし、商品流通網が完備していない段階での金納は、中小農民に著しく不利です。どこで野菜を売り、現金を手にしろ、というのでしょう。耐えきれず、土地を売って小作人になる者が増えていく。農民層の分解です。「万機公論に決す」といった新政府が、農民の嘆きの声に耳を傾けない。農民を泣かせています。

フランスでは一七八九年、日本の寛政元年に当たる年に民衆が蜂起、権力を握る革命を成し遂げました。革命の理念は「自由・平等・博愛」。その内実はどんなものなのか。道端で新政府軍の行進を見送っただけの日本の民衆と、自ら武器を取り、バスチーユの監獄を襲って政治犯を釈放、王権を打倒したフランス人民と——。何が、どう違うのか。見極めてきたいと思います。

前回、お話をさせていただいてから、一月余、経ちました。いよいよ今日、フランスに向けて出港です。なにもかも叔父が仕切ってくれました。まず、パリのデグロンさんの親戚宅に寄宿、勉強する学校を探します。

今朝、磯子村の家を出るときも、富士山がきれいでした。一一月のいま、山裾は青空よりもうワンランク上の濃紺色、山頂はすでに冠雪、純白が朝日に輝く、一分の隙もない晩秋の富士山です。宝永の昔、大爆発があったということですが、そんなことは信じられない秀麗、端麗な佇まいです。

何年か先、私が帰国する船で真っ先に目にする日本の光景は間違いなくこの山だと思います。日本最古の物語といわれる「竹取物語」では、かぐや姫が、駿河の国にある天に最も近い山から天上界に帰り、失意の帝が、姫が残していった「不死の薬」を、山頂で兵士に焼かせます。「兵士《つわもの》どもあまた具して、山へ登りけるよりなん、その山を『富士の山』とは名づけける」と語られています。その富士の山と再会するとき、私は確かな大人になれているでしょうか。喜怒哀楽、とりわけ人間の哀しさを理解できる大人に。しかし同時に、枉《ま》げてはならないことは、枉げない強い人間に――。

私は両親、父・源一郎、母・ときに、愛情をもって育てられました。父はこの朝、「碧い目の嫁さんを連れてくるのかな」と、わざとのように冗談口をたたいていましたが、「元気でね」と言って私の手を握り締めた母のその手は、少し震えていました。私も心細い気持ちもありますが、「まず前へ、現場へ」というのが、一族の信条です。行ってきます。家のことは、しばらく弟の武吉（一四歳）に託します。

船はフランス郵船の「ジュプレ号」（一六二〇総トン）。上海、香港、スエズ運河を経て、フランスのマルセイユへという欧州航路です。

出航の銅鑼が鳴りました。岸壁で富吉おじさんが手を振っています。しばしのお別れです。

さようなら、オルヴォワール（Au revoir）。

3　カション有情

幕府軍隊の軍事指導を行い、母国からの命令に背いて、箱館の榎本軍に馳せ参じたフランス人ブリュネらを「武の助っ人」と呼ぶとすれば、フランス人宣教師カションはさしずめ「文の助っ人」だったといえよう。

経歴を簡単に述べる。メルメ・カションは一八二八年、日本では文政一一年にあたる年にスイスとの国境に近いジュラ山地に農夫の子として生まれた。地方の神学校を卒業後パリの外国宣教会に入り、助祭、司祭と昇進、一八五五年（安政二）に、他の二人の神父と共に琉球に向かい、琉球官吏の拒否を押し切って上陸、そこで暮らし、日本語を身に付けていく。

安政五年（一八五八）、日仏修好通商条約締結のため江戸に来たグロ男爵に通訳として随行するが、当時すでに、ナポレオン三世の親書をカタカナに翻訳できるほどの日本語の能力を身に付けていたという。

その後、安政六年に箱館に赴任、フランス語を教えつつ仏英和辞書、アイヌ語辞書を編集。この地で、左遷されてきた進歩的幕府官僚・栗本鋤雲と出会い、親交を結ぶ。二人のかかわりについては後述する。

その後、仏公使ロッシュのもとで通訳官に登用され、さらに新設された横浜仏蘭西語伝習所で実質的な校長の役割を果たす。慶応二年（一八六六）、フランスに帰国、翌慶応三年（一八六七）、遣欧使節徳川昭武がパリでフランス皇帝と会見する際、カションも通訳として陪席した。

二六歳で東洋に渡り、三八歳まで日本で働いた。和名和春。お梶という女性を妾にしている。

栗本鋤雲は文政五年（一八二二）、幕府の典医の喜多村槐園の三男として生まれた。その、奥医師の家系である栗本氏の家督を継ぎ、奥詰医師となった。安政五年（一八五八）、蝦夷地在住を命じられ箱館に赴任。左遷である。

箱館奉行の命で、鋤雲は当時箱館滞在中のカションに日本語を教え、カションからはフランス語を学んだ。この出会いは、二人のその後の運命を大きく変えていく。交換授業を通じてカションは日本を知り、鋤雲はフランスを認識。鋤雲はフランスの社会組織、政治形態、風俗などについて質問、カションの回答を筆記し、明治二年（一八六九）に「鉛筆紀聞」としてまとめている。

カションも鋤雲の力を借りながら『仏英和辞典』『アイノ　起源　言語　風俗　宗教』の著作活動を続け、前者は一八六六年、後者は一八六三年に刊行された。

カションは文久三年（一八六三）にいったん帰国、元治元年（一八六四）に再来日。今度は宣教師としてではなく、第二代フランス公使ロッシュの通弁官である。ロッシュはフランス政府の対日外交政策を円滑に行うため、流暢に日本語を話し、日本の諸事情を知悉するカションを知恵袋として用いた。そしてカションは同年七月四日の横浜鎖港談判(注)の席上で、栗本鋤雲と再会する。栗本も幕府目付として返り咲いていた。

カションと栗本の二人が大きく貢献した横須賀製鉄所建設について語りたい。

諸外国の開港要求をいれて開国に踏み切った幕府だが、厳しい現実、おのれの海軍力の脆弱さをいやというほど思い知らされる。「国防のため海軍力を」と幕府はオランダ、イギリス、アメリカ、フランスなど外国からの艦船購入を急ぎ、慶応末年までに軍艦八隻、船舶三六隻、計四四隻、その代価三三三万六〇〇〇ドルを払って購入（富田仁ら『横須賀製鉄所の人びと』）、諸藩も幕府に対抗して同様に艦船を購入し、二九藩九四隻、四四九万四〇〇〇ドルと八一〇〇〇両を支払った。しかし、日本を侮ったいくつかの国は、使い古した艦船を補修したとして売りつけてくる。

ほぞを噛みながら幕府は「自前の造船所」づくりを決意。そんな情勢下でナポレオン三世のフランスが「東洋に盟邦国を」と、日本に接近を試みる。その日本とフランスに、栗本鋤雲とカションがいた――。栗本はカションの橋渡しでロッシュと親密になり、カションも栗本を通じ幕府中枢部の人間とつながっていく。

勘定奉行小栗上野介と仏公使レオン・ロッシュの会談を二人が取り持ち、大型艦船を建造できる横須賀製鉄所の建設が決まる。わが国最初の本格的造船所だ。年間六〇万ドル、四年計画。フランスの理工系学校の最高峰といわれるエコール・ポリテクニック出身のレオンス・ヴェルニー（一八三七～一九〇八）が首長として着任した。約一三〇人の技師、職工、医師、教師が横須賀に呼ばれ、ヨーロッパ最高の技術が日本に移植されることになる。

慶応三年（一八六七）に造船所本体のドッグ（船渠）の建設工事が開始される。全長約一キロ、幅は上面が約三一メートル、下底が二九メートル、深さ一一メートル。明治三年（一八七〇）に完成、同四年（一八七一）に開業。

当初計画の予算だけでも四年で二四〇万ドルは巨額だったが、小栗は「土蔵付きの売家の名誉を残す」とし、外国からの借金なしでこの巨費を賄った。「当時の一万ドルは今日の九〇〇〇万円以上」（前掲書）というから何とも巨額である。なお「売家」は幕府のたとえで、小栗は仮に幕府が立ち行かなくなっても造船所という立派な「土蔵」を残すことができればよしとしたのだ。

同製鉄所は、幕府崩壊の後は新政府に引き渡され、明治四年（一八七一）に第一号ドックが完成。最初に建造された軍艦は「清輝」（排水量八九七トン、速力九・六ノット）で、明治八年に進水した。

こうして日本は、大型艦船を自国で建造、世界に肩を並べる帝国海軍をつくり上げていく。もし、横須賀製鉄所なかりせば……。その後の明治日本の近代化は、別の姿になっていたかもしれない。明治三八年（一九〇五）の日本海海戦で、無敵といわれたロシアのバルチック艦隊に勝利した連合艦隊司令長官・東郷平八郎は「勝利できたのは小栗上野介が、横須賀製鉄所を建造してくれたお陰だ」と、熱く語っている
もうひとつ、重要な施策、事業がカション、栗本の助言、尽力で実現した。この時期、幕府はフランス陸軍三兵伝習のために、軍事顧問団を招聘した。こうなるとフランス語のわかる日本人がどうしても必要となる。慶応元年（一八六五）、横浜にフランス語の伝習のための「横浜仏蘭西語伝習所」が開校する。実質的な校長はカションだった。

日本の近代化に、舞台裏で大きく貢献したメルメ・カション。しかし、なぜか彼には、「妖僧」「怪僧」などのレッテルがついて回る。西郷隆盛は手紙に「佛人のカションと中者甚奸物にて幕吏の奸人之混と結居候」と書いている。混は栗本を指す。勝海舟も「幕府の

役人のなかにはフランス人の宣教師カションという妖僧に心酔する者がいて大変困ったものだ」と日記に記す。幕府の役人に顔が利いたカションだが、その一方でそれをこころよく思わない人たちもいたであろう。激しい権力闘争、権謀術策が渦巻く幕末である。彼は、誰とでもフランクに付き合うということが、あるいは苦手だったのかもしれない。

カションは。明治四年（一八七一）ごろ、ニースで死んだとされているが、何月何日、何という町で、などは分かっていない。

このように日本の近代化に、舞台裏で大きく貢献しながら、横浜の市民の多くからも忘れられているメリメ・カション。郷土史研究家の葛城峻は「宗教者だったカションは、フランス革命の対極にいた人物だろう。それでもフランス革命の空気感は、彼の口から当時の日本人に伝えられた部分はあろう。フランス文化の横浜への紹介者で、横浜市民が忘れてはならない人物の一人だ」とみる。

そして葛城は、自著『横浜屈辱都市論』の中で、「カション自身の語り」という形で、彼に次のような架空の語りをさせている。葛城流のカション賛歌、といってもよかろう。

ああ、鋤雲よ（成島）柳北よ——われらをタイムマシンに乗せ百年の昔に帰らしめよ。語学校の若者たちともういちど横浜の歴史を出発点から組み直し、横浜を世界に誇る「市民」の町にしようではないか。

そして更に、もう百年の昔、一七八九年のパリに訪なわしめよ。バスチーユの歌声の中に「市民」を見直す鏡を発見しようではないか。そして——ついでに小さい声でちょっぴり私ごとを云わせてもらうならば、その途中で私の「お梶」に会う機会をそっと与えてくらないだろうか。私がこの町と同じように愛した日本の女性の、あの慎み深さに覆われた献身と真実よ。（『横浜屈辱都市論』）

注…横浜鎖港問題とは　攘夷論者の孝明天皇が諸外国と結んだ通商条約の破棄、横浜港などの鎖港を主張、幕府は不可能を承知のうえで文久三年（一八六三）、横浜港の鎖港の交渉のため、使節団をフランスに派遣した。その後、横浜でも日仏両国の談判が行われた。

終章——再考・江戸文明

1　「貧農史観」を問い直す

江戸期、人々は貧しかったのか、そうではなかったのか。江戸文明の根幹にかかわるこの問題を、まず考えたいと思う。

佐藤常雄は、その名もずばり『貧農史観を見直す』（講談社現代新書）で、年貢率、生産力などのデータをもとに「江戸期の年貢は決して高くはなかった」と書く。論旨は明快だ。

江戸時代、年貢率の決定については検見法と定免法というふたつの徴租法があった。検見法はその年の農作物の作柄に応じて年貢率を決めたもの、定免法は年々の豊凶差にかかわらず、一定期間に一定額の年貢量を決定したものだ。そして江戸中期以降はほとんど定免法で行われた。

年貢率は村高（その土地の米の収穫高）に対する領主取分（年貢量）の百分率で算出され、村高が分母、年貢量が分子にくる。分母の村高は、検地などが実施されなければ基本的には数値は不変だ。佐藤はこの数式によって、幕府の享保元年（一七一六）から天保一二年（一八四一）までの年貢率を計算。十ヵ年平均年貢率の推移では三三％前後、最も高い時期でさえも宝暦年間（一七五一～一七六四）の三七％程度で、幕府の年貢率は「四公六民ないし三公七民となる」とした。

さらに検地以降の土地生産性の上昇や収益性に高い商品作物の導入などの要素が含まれておらず、実質的な農民負担は二〇パーセント台、時、所によっては一〇パーセント台もあった、とし、「このように江戸時代の年貢は決して高いものだと断定するわけにはいかないのである」と結論する。

「貧農史観は誤りだ」と断定したくなるところだが、佐藤も正しく指摘しているように「江戸時代の年貢は田畑の所持高に関係なく、その税率が一定」で、累進課税でないこの年貢体系では、土地を多く持つ百姓（大高持百姓）と零細高持層とでは、年貢負担の度合いが異なってくる。「年貢そのものが零細高持農民の没落、ひいてはムラの解体を促す制度的な要因となっている」のだ。富める者をますます富ませ、零細農民を没落させかねないこの構造、矛盾を江戸時代はついに解決できなかった。それこそが江戸期のムラ、江戸時代の〝大きな泣き所〟だったという気がしてならない。「貧農史観は虚妄だった」と言い切れないのも、そんな泣き所があるからだ。

では、江戸期の農民の実像、暮らしをどう捉えたらいいのか。

渡辺尚志の以下の発言が正鵠を射ているように思われる。

幕府や大名は、……多くのことを村に任せていました。民間活力を利用し、行政機能の多くを村と百姓に請け負わせることで、円滑な支配を実現していたのです。江戸幕府の支配が二百数十年の長きにわたって続いた利用のひとつは、そこにありました。江戸時代は武士が百姓を「生かさぬよう殺さぬよう」がんじがらめに抑圧支配した専制的な社会ではなく、身分制の枠内ではありますが、百姓たちに自治と自律を認めた社会だったのです。

「暗い江戸時代」「領主にしいたげられた百姓たち」といった歴史像を見直し、百姓と村の実像をえがくというのが本講義の大きなテーマでした。「百姓の復権」と言っていいかもしれません。

ただし、百姓と村を手放しで美化するものでないことは言うまでもありません

（日本歴史　私の最新講義『近世百姓の底力』、敬文舎）。

こうした村人の姿から、話を少し広げると――。江戸文明といえば、二百数十年続いた「徳川の平和」が大きな柱の一つだ。守田志郎は『日本の村』（朝日新聞刊、一九七八年）で、江戸期の村人の暮らし方そのものが徳川の平和の原石だ、という瞠目すべき見方を提

示している。

部落というものが波をおもてに立てないようになっているのは、その慎み深さからであろうが、人々が、今日も明日も、そして将来ずっとその部落の中で同じ顔ぶれで生産と生活を続けていくようになっているからなのだと思う。……よそから物をとってくることもせず、領土を拡大するのでもなく、みずからきめた囲いのなかで作り暮らすという人間としての一番本来的な存在のしかたを続けていくための、部落における約束ごとをつらぬく大切な原則を、波を立たせないという感じの物事の処理のうちに見なくてはならないように思えてくる。消極的に見せかけてはいるが、そこには大変な積極性がひめられている。

（中略）

他部落に対するせっかちな侵略という方法はとられることがすくない。このような外部との接触の仕方は、他部落にたいしてそれを根こそぎ征服するという考え方をつちかわない。自分たちの部落の中で、一風かわった家が出た時にも、……原理の旗をふりかざして、その家の人びとを根こそぎ倒してしまう、あるいは殺してしまうという考え方は、ここではつちかいにくい。……部落が約束するものは、……全員の中位の幸福。

「この江戸の平和の思想の種を、ウクライナ、ガザに届ける術はないものか。〝平和日本〟の空と、ウクライナ、ガザの空とはつながっているはず」。

一朶《だ》の雲もない日本の秋空に向けて、そう呟いてみるのだが、もとより答えはない。

守田志郎は大正一三年（一九二四）、オーストラリア・シドニー生まれ。東京帝大農学部農業経済学科卒業後、昭和二五年（一九五〇）まで農林技官。退官後、再び東大大学院で学び、昭和四七年（一九七二）から名城大商学部教授となるが、在任中の同五二年（一九七七）に病死。早世が惜しまれる。

2 「士農工商」を超える思想

その時、私は吃驚し、心底、感服した。林八右衛門の「勧農教訓録」に接したときのことである。その冒頭で八右衛門はこう述べているのだ。

夫人ハ則天下ノ霊也ト　天照皇太神モ宣ク。然レバ上御一人ヨリ下万民ニ至ルマデ、人ハ人ニシテ、人ト云字ニハ別ツハナカルベシ。……

天皇や将軍から百姓にいたるまで、皆同じ人間であり、それぞれ社会に有益な仕事を果たしている、と説いているのだ。百姓の中に形成された見事な人間平等の思想。なんとそれは、封建制度真っただ中の文政五年（一八二二）から文政一三年（一八三〇）までの、獄中生活で書かれた「勧農教訓録」に収められているのだ。

八右衛門の生涯を辿ってみよう。

明和四年（一七六七）二月二日、上野国（群馬県）那波郡川越藩前橋分領東善養寺村で、百姓の家の長男として生まれる。五歳で父が病死、母の再婚先で養われた。九歳の時、祝昌寺光円に手習い、次いで禅養寺で恵陳の教えを受ける。一五歳で寺を出て本家林七右衛門家に寄居、一八歳で本家養女菊と結婚、分家している。

二五歳で名主になり、四〇代では借金や火事で家を潰すが、やがて立て直し、五三歳で再び名主となり、藩の勧農野廻り役を命じられる。そして文政四年（一八二一）、村に年貢軽減をめぐる騒動が起こる。

その展開は『前橋市史 第三巻近世下』に拠ってみたい。

「江戸時代は貧しくはなかった」と再三、書いてきたが、この時の東善養寺村は貧しかった。田畑合わせて六〇町歩。うち田が四四町歩余で、そのうち二二町歩が年貢地として認められ、他は本年貢地から外されていた。加えて文政三年（一八二〇）は、秋のころから干天で一粒の雨も降らない。村全体で大幅な減収が予想された。文政四年秋に、定免法を変更して毛見取り（検見取り）を願い、実現するが、結果は逆に二四七俵に増加される。

これでは「六公四民」になり、生きてはいけない、と農民が立ち上がる。一〇月、減免願書を勧農附属の役所に提出。さらに一一月には、他村代表と共に、江戸の領主屋敷に門訴しようと出発した。八右衛門は追いかけて懸命に説得、門訴を思いとどませる。

やがて藩の厳しい追及が始まる。八右衛門は「藩と領民の間に立って斡旋苦慮し奔走した」と事実を主張するが聞き入れられない。各村の首謀者とともに、八右衛門は逮捕された。最初の願書の起草者・筆者だったというのが藩の逮捕理由だった、

判決は永牢。文政五年（一八二二）閏正月二三日、入牢。それから文政九年まで足かけ五年半、在牢した。

文政一三年（一八三〇）、獄中で、六四歳で死去。濡れ衣を着せられたまま、この世を去った。

この入獄中に執筆されたのが「勧農教訓録」である。全三巻で、人間平等の思想が展開

されるのは巻之一の前文だ。ただ、彼は「士農工商」の身分制度そのものの否定を主張しているのではない。人間の体が目・口・耳などの部分よって構成され、それが集まって人間となっているのであり、それぞれの器官にはそれぞれの役割があり、どれかが大事でどれかはいらないものというようなものではない。それと同様、天皇や将軍から百姓にいたるまで、皆同じ人間であり、それぞれ社会に有益な仕事を果たしている、と説いているのだ。

深谷克己は『八右衛門・兵助・伴助』（朝日新聞社刊）の中で、こう述べている。

…八右衛門の思想環境で、強い影響を及ぼす学者が八右衛門の周辺にいなかったということがあげられる。八右衛門の生涯は生活的に不安定であり、学者・思想家として専念する条件をもたなかったということもある。だがそれよりも八右衛門は、体系的な学問にしばられず、生活者的な雑学者とし自己を鍛えたがゆえに、かえって独創的な論点のいくつかを我がものにすることができたといえる。

八右衛門の辞世の句が「勧農教訓録」の末尾に記されている。なんと見事な「悟り」であることか。

辞世
六十路ふるやぶれ衣をぬぎすてて
本来空へ帰る楽しさ

「八右衛門の主張は、日本の民衆意識の輝かしい到達点」(保坂智『百姓一揆とその作法』)とされる。見事な「死にざま」と合わせ、いまも人々を捉えて離さない。

伊奈半左衛門忠順(第一章)、中島三郎助(第九章)、そして林八右衛門。家訓と民衆を守ろうとする強い意志(忠順)、仕える者への至誠(三郎助)、生活者の視点からの地に足のついた確かな思索(八右衛門)——。それらが三人の行動を支え、立ち居振る舞いを決めたのであろうが、三人は自らについては多くを語ろうとはしていない。ましてや自慢話など……。私欲による曇りとは無縁の、何と輪郭正しい生きざまであることか。

肉体を持った生身の人間は死ぬ。しかし、誰かが記憶にとどめる限り、彼ないし彼女は死んではいないのだともいう。二一世紀のいまも、雄弁に私たちに語り掛ける三人。彼らは、そして彼らの思想は、死んではいない——。

さて、八右衛門がたどりついた人間平等の思想は、民衆レベルではどう意識されていたのだろうか。体系だった思想としてはともかく、平等につながる「気分」といったものはあったのか、なかったのか。外国人の観察がひとつのヒントを与えてくれる。

一八二〇年七月から一八二九年二月まで、出島オランダ商館に勤務したファン・オーフェルメール・フィッセルは、

「専制主義はこの国では、ただ名目だけであって実際には存在しないのである。……自分たちの義務を遂行する日本人たちは、完全に自由であり、独立的である」(『日本風俗備考1』)

「(町人たちは)その職業を営むにあたっては、まったく誰からも妨げられることなく、また最大限の自由を享受している」(同2)

と書いている。

イギリス国教会のスミス主教は、大名行列について、

「尾張侯の行列が神奈川宿を通過するのに二時間かかったが、民衆が跪いたのは尾張侯本人とそれに続く四、五台の乗物に対してだけで、それが通り過ぎたあとは、立ち上がって残りの行列を見ていた」

と報告する。

外国人たちが江戸末期の日本で見たものは――。思いもかけぬ、しなやかで自由な日本の民衆の姿だったのではなかろうか。

3　江戸から宇宙へ――共生思想の広がり

環境思想について見たい。江戸期の共生思想の基底にあるのは、ひとつは「生きとし生けるもの、仏さまの前では皆、平等」という仏教の教え、もうひとつは「一木一草にも神宿る」という森の思想ではなかろうか。「森の思想」について、少し触れたい。

「森の思想・文明」はしばしば、その対極にある「砂漠の思想・文明」との対比で語られる。西欧世界は砂漠地帯そのものではないが砂漠の周縁にあたり、砂漠の文明に分類される。多神教の森の文明と一神教の砂漠の文明とはどう違い、それが人間の生き方にどう影響するか。環境考古学者で国際日本文化研究センター名誉教授の安田喜憲は、次のようにみる。

まず、砂漠における一神教の誕生の構造について――。

「ヒューヒューと吹く風の音しか聞こえず、自分の周囲に生き物の姿はなく、満天の星しか見えない砂漠の風土の中で、天に唯一の神を認めるのは、人間の心理として当然の帰結だ」（「東西の風土と宗教」、梅原猛ら編『講座文明と環境』所収）

そして「この無生命の大地に神が世界を創造したという天地創造の神話が生まれたのも当然の帰結であり、この世界もやがて、砂漠に返り、終末を迎えるという世界観が成立したことも十分にうなずける」（前掲書）とする。

他方、森はどうか。森の中では梢が視界をさえぎり、満天の星もよくは見えない。フクロウの鳴き声、オオカミの声、川のせせらぎ、葉ずれの音など、砂漠とは対照的に、森は生命に満ち溢れ、騒々しい。季節もきちんとめぐり、そこでは「生と死」「死と再生」のドラマが絶えず繰り返される。動物の死骸も、落ち葉も土に返り、それが次の生命を養うという循環が永遠に繰り返される。

そして安田は「人間の思想もまた、人間を取り巻く有機的世界の中のちっぽけな命の一部に過ぎないという森の思想は、人間こそが有機的世界を治めるという砂漠の思想とは根本的に違う。森の風土から一木一草にも神が宿るという多神教が生まれた」（前掲書）とする。

こうした森の思想が、「江戸の共生思想」の核をなす、と言ってよかろう。

江戸の共生思想について、具体的に見ていきたい。根岸鎮衛《ねぎしやすもり》（一七三七～一八一五）の随筆集『耳嚢《みみぶくろ》』は、江戸時代の人びとの生活感や意識を知るうえで、願ってもない材料を提供してくれる。著者の根岸は、たたき上げの幕府官僚で、「江戸の出世すごろくで、一番下から一番上までのすべてを経験した」といわれる。勘定吟味役、佐渡奉行、勘定奉行、南町奉行などを歴任、町奉行時代は名奉行として知られた。『耳嚢』は、役人生活の最晩年の天明二年（一七八二）頃から書き始められ、文化一一年（一八一四）に完成した。一〇〇〇話が収録されている。名官僚、たたき上げの仕事人が、文化の領域でも歴史に残る仕事・『耳嚢』を書く。江戸と江戸人のすごさを思い知らされる。

さて、その『耳嚢』にはこんな話が出てくる。あるところに老狐がおり、人間に対し古い出来事や将来の吉凶を予測して告げていた。ある人がその老狐に向かって「畜類ながらかくまで理にさとくして、吉凶、危福を兼ねて悟りて人にも告る程の術あれば、げに名獣ともいふべきに、いかなれば人をたぶらかし欺きなどをする事、合点いかざる事」と問うと、老狐は笑いながらこう答えたという。

「全ての狐が人をたぶらかすわけではない。人間のうちにもそうした不届き者がいるではないか」

一本とられたのは人間の方だった。ここでは人と狐は同じ地平に立つ、対等の仲間だ。

わが国における婦人問題研究家の先駆けとして知られる山川菊栄（一八九〇〜一九八〇）は、幕末の水戸藩で起きた人と猫とが会話し交流するいくつかの話を書き残している。

幕末の水戸藩は、千石取りの家老の家でも貧しかった。型のごとき貧乏をかこっていた婦人が飼い猫の頭をなでながら「たまにはお前にもおいしいお魚でもごちそうしてやりたいが、こう貧乏してしまってはどうにも仕方がないねえ」と嘆くと、猫は二、三日の後、どこからか見事な大鯛のやきものを持ってくる。近所中に聞いたが、心当たりはないという。「猫というものは魔性のものだから、猫の前では決して貧乏所帯のグチなど言うものではない」と語り合ったという。

また、豆腐屋が外を通ったので、おばあさんが「松や、お豆腐屋を呼んで」と女中に声をかけたが、聞こえないのか返事がない。すると猫がつと立ち上がって唐紙を開けざま「お松さん、お豆腐」と呼んだ。ちょうど台所に入って来たお松が、「あっ、猫が口をきいた」とさけぶと、猫は飛び出してそれきり姿を消してしまった（覚書『幕末の水戸藩』）。

先にも触れたが、蘭学者桂川甫周の娘である今泉みね（一八五五〜一九三七）も、口述自叙伝『名ごりの雪』で、幕末の江戸の屋敷での出来事をこう語っている。

（蘭学者で将軍のお抱え医師だった私の祖父・桂川甫賢が）毎晩人が寝しずまってから調べものなどをしていますと、トントントントン戸をたたくものがございます。「たぬか、はいれ」と申しますと、戸がスウッと開きます。何かこちらの都合で「おまち、まだいけないよ」と叱りますと、決してはいらなかったそうですが、ときにはたぬの方でいたずらをして、「この夜更けに何をしておるか」と将軍の声色を使うこともあります。なにしろ仮にも公方様の御姿に化けておりますのですから、どうにもできませぬ。「おい、それだけはよしてくれ」とあやまって油揚をやりますと、行ってしまいましたとか。

なんでもその油揚のお皿もきまっておりまして毎晩一枚ずつは用意してそれを敷石のところに出しておくのだとかききました。

先に九二歳で逝った熊本市在住の思想史家・渡辺京二は、『逝きし世の面影』でこう書いている。

狐狸妖怪のたぐいを信じるのはたしかに『野蛮』であった。そういう『野蛮』から脱して近代化への途を歩まないでは、日本が十九世紀末の国際社会で生き残ることはできなかった以上、過去は忘れるに如《し》くはなかった。しかしそのゴールとしての近代が、少なくとも〝先進国〟レベルにおいて踏破され尽くした今日、過去の『野蛮』はまったく異なる意味の文脈でよみがえらずにはいない。なるほど狐が人を化かし猫がものを言うというのはそれ自体としては蒙昧を意味する。しかしそのように生類がひとと交流・交歓する心的世界は野蛮でもなければ蒙昧でもない。それはひとつの、生きるに値する世界だった。

そして、いま――。「生きとし生けるものみな兄弟」という江戸の共生理念の延長線上に、新たな共生が幕を開けようとしている。目指すは「小さきものたちとの共生」だ。

愛知県みよし市にある産業廃棄物処理業者「ハーツ」(上内厚子社長)は、二〇〇〇年の食品リサイクル法成立を機に「食品ロス」に特化した専門の中間処理業者である。食品メーカーの製造過程で何らかの理由ではじき出される「仕掛品《しかかりひん》」が毎日、約二〇トン、回収されてくる。焼きたてのにおいの残る菓子パン、そのままサラダにできそうなカット野菜の束、山盛りのつややかなゆで卵……。サイズが不ぞろいだったり、小さな傷があったりして、弁当業者や外食チェーンに納入できなかったものだ。

回収された食品は、いくら食べられそうに見えても、「生ごみ」でしかない。選別されて、養豚事業者や堆肥工場などに送られ、主に飼料や堆肥、メタン発電の燃料（バイオマス）としてリサイクルされる。

ここまでは他の中間処理会社と同じだが、上内は「生ごみを卸すだけでなく、自社内にアップサイクルの輪を作りたい」と考えた。アップサイクルとは、廃棄物に付加価値を与えて再利用を図ることである。そして上内が注目したのがアメリカミズアブという昆虫の潜在力だった。米国産の外来種だが、日本中どこでも見られる体長二センチ前後の黒い虫。その幼虫は高タンパクで栄養バランスもよく、可食率一〇〇％。海外では生ごみを与えて育てたミズアブの幼虫が「ＢＳＦ（黒い兵士）」の名で、養殖魚やブロイラーの飼料、ペットフードの原料などとして商品化され、日本にも輸入されている。アメリカミズアブは生ごみを分解し、二〇日間で容積を半減させる強力なリサイクラーである。

上内は工場内に飼育室を設置、試行錯誤の末に日本の気候風土に見合った成虫の産卵環境、幼虫の生育環境、給餌のノウハウなどを確立し、乾燥飼料を完成させた。高騰する魚粉飼料に代わる餌として、ヒラメの陸内養殖業者から、引き合いが来ているという。

社長上内厚子は、こう語る。

「ミズアブについては弊社のような昆虫工場は海外が先行しております。中国、シンガポール、EU（欧州連合）、アメリカなど大規模な工場の例もございます。しかしながら国内におきましてはまだ大規模工場は見当たらないと思います。ミズアブの活用につきましては魚粉代替の飼料原料を予定しております」

「二〇五〇年、人口増による世界的なタンパク質不足問題の一助になればと考えました。私たちは、有機物のリサイクルという自然界では当たり前に行われていた営みが、人間の社会では正常に機能しなくなっていると感じています。食物連鎖の下層では、昆虫や微生物が、莫大な数で上位の生物を分解し餌としてきた。その食物連鎖が機能しなくなっている、もしくはその営みに気が付かなくなっています」

中日新聞（東京新聞）記者飯尾歩のインタビューに応え、上内は最後にこう語っている。

「虫たちの力を決して無視はできません」

共生の試みは虫から、さらに小さい微生物へと向かう。二〇二三年一月八日放映のNHKスペシャル「超進化論」によれば――。宇宙への旅には微生物が不可欠だというのだ。番組では、微生物が三日で作った蛋白性の物質が紹介される。肉やチーズにそっくりの食感で、栄養を再現できる。宇宙への食事に応用しようとしており、出演者は「おいしいよ。微生物タンパク質を使った食事を、ぜひ、火星で楽しみたいですね」と呼びかける。微生物がつくった建材も登場する。ブロックにして加熱することで、コンクリートより硬く、断熱性の高い材料が生まれた。これを火星での住居に利用しようとしている。

宇宙微生物学者のリン・ロスチャイルドがこう語りかける。

「私たちが宇宙に行くとき、微生物は私たちのパートナーとなるでしょう。健康、食料、薬。微生物のおかげで、人類は地球外に存在できるようになるはずです。今は、その始まりの時代なのです」。そう語る彼女の口調は誇らしげだった。

私には、江戸と宇宙時代の環境思想が、まるで一直線でつながっているように見える。

4　現在と過去との対話

二一世紀のいまが抱える問題は、半端なものではない。東京大学准教授斎藤幸平によれば、隕石衝突で恐竜が絶滅した五回目に続き、いま、「人類による第六の大量絶滅」が起きている、というのだ（二〇二三年七月一三日、朝日新聞）」。そして斎藤は、「経済の仕組みを転換して、地球の限界の中で何とか持続可能にしていく」ほかない、としている。

「歴史は現在と過去との対話」（E・H・カー『歴史とは何か』）だという。「過去は現在の光に照らされて初めて知覚できるようになり、現在は過去の光に照らされて初めて十分に理解出来るようになる」（前掲書）。私たちは、人間が自然とともにあった江戸と江戸文明が奏でる調べに、真剣に耳を傾けることなしには、生き延びることもかなわないのではなかろうか。「江戸の風に聞け！」である。

ここで私は、ボランティアとして戦乱のアフガニスタンの地で三六年間にわたり、人道支援を続けた医師・中村哲の生涯に思いが至る。

中村は一九四六年（昭和二一）、福岡県に生まれた。九州大学医学部を卒業、精神科医に。一九八四年（昭和五九）、パキスタン北部ペシャワールの病院に赴任、医療支援に取り組む。そしてアフガニスタンの大干ばつに遭遇、二〇〇三年（平成一五）からアフガニスタンで、用水路づくりに着手。「医療だけでは現地の農民の命は守れない。医者一〇〇人より、一本の水路を」と呼びかけ、自らが先頭に立って小型重機を操作、「死の谷」と呼ばれた砂漠地帯を緑の大地に変えていった。総延長二七キロ、一万六五〇〇ヘクタールを潤し、農民六五万人の暮らしを支える用水路をつくり上げるが、二〇一九年一二月四日、武装集団の凶弾に斃れた。

彼が、守り、実践した言葉は「自然との和解」「利他」だったという。それはそっくり、江戸文明に通底する言葉だ。その中村は、アフガンの地での用水路づくりで、九州の筑後川の山田堰で採用された「石張り式斜堤」という江戸時代の伝統技法、江戸の知恵を巧みに援用している。川の流れに対応する形で斜めに石畳を敷き詰め、その上に水を行き渡らせて用水路に導く。激流を力でねじ伏せるのではなく、斜めの石畳で流れをやわらげるという、自然に逆らわない江戸の知恵である。


私は生前に一度、中村にインタビューしたことがある。その時の印象は、「さながら古武士」だった。日焼けした顔に口髭、端然とした語り口、言葉から染み出る覚悟のようなもの……。

彼はアフガン現地が極めて危険になり、日本人支援グループが去るか残るかとなったとき、こう語っている。

「いまさら彼ら（アフガン民衆）を置き去りにすることはできない。同地に緑豊かな農村社会を回復し、小ながら復興の範を築くことが私の最後の事業。こころない官僚や政治屋、戦争屋たちにせめて一矢を報い、以て辞世の句としたい」。

知られるように芥川賞作家・火野葦平（本名・玉井勝則）の妹が中村の母である。そして火野の代表作「花と竜」は、明治中期から太平洋戦争後までの北九州を舞台に、小頭聯合組合を結成して沖仲仕の生活向上に奮闘した玉井金五郎と妻マンの物語で、著者・火野の両親がモデルの実録小説だ。金五郎に流れる江戸以来の義侠心、男気、マンの正義感は、葦平にも中村にも、色濃く流れている。

不退転の決意、倒れている人がいたら手を差し伸べる――。そんな高い倫理観は、最も良質な江戸期の精神だ。中村は治水の知恵とともに、美しい「江戸のこころ」も受け継いだ。

5　小農主義――「小さきもの」の世界へ

二〇二三年九月二三日、ＮＨＫテレビは「山下惣一の生涯」と題した五〇分番組を放映した。佐賀県唐津市の農民作家・山下が、数々の挫折を経てたどり着いた「農業のあるべき姿」が「小農」であり、その小農主義が国連の「家族農業の一〇年（二〇一九―二〇二八）」として宣言され、世界の新潮流になろうとしている、という感動的な内容だった。この番組と、彼の著作（主に『新しい小農』と『振り返れば未来』）から、不世出の農民作家、稀有な思想家・山下の、小農主義に至る思想と行動、さらには彼の思想と江戸文明とのかかわりを追ってみたい。

山下は一九三六年（昭和一一）、佐賀県唐津市に、農家の長男として生まれた。玄界灘に面した東松浦半島の海辺の村。「強い北風の吹く冬の日なら、耳がいい人なら朝鮮半島のひそひそ話が聞こえるのでは、というくらい日本列島で最も半島に近い地域」（『振り返れば未来』）である。惣一が生まれたころの山下家の経営規模は、田八〇アール、畑五〇アール、山林一ヘクタール余の、「村では中の上くらい」の規模だった。

「百姓に学問はいらない」との父親の強い反対で高校進学はかなわず、家業を継いで農業に従事。傍ら現場の視点での文筆活動も始める。三十年後の一九八一年、彼の小説『減反神社』は直木賞候補となった。

一九六七年、数え一八歳の橋本須美子と結婚、「妻には苦労はさせない」と裏山を切り開いてミカン栽培を始めるが、やっと収穫となった一〇年後、一キロ六〇円になるはずだったミカンの価格は、供給過多で一キロ三円に。村のほとんどの農家がミカン栽培に踏み切り、生産過剰となっていたのだ。

ミカンの他にも不成功が続く。一家の貯金の大部分をつぎ込み耕運機を購入、儲かる作物に特化して水田転作で冬キャベツつくり、メロンにも挑むが、過当競争で価格が暴落、山下は玉砕した。
売れ残ったキャベツを妻・須美子がリアカーに積んで唐津の中心部で引き売り。ある夜、彼女が鏡台の前で泣いていた。中学時代の同級生を見かけたので声を掛けると、先方は顔をそむけて通り過ぎた後、連れの亭主に「同級生よ、いまの人。かわいそうに」と小声で言い、「自分の家はあるのか」と亭主が返したのが聞こえた、というのだ（『振り返ればば未来』）。山下は「よか、もうあとは捨てよう。その分は俺が日稼ぎに出て取り戻すからええ」といい、数日たって「やっぱり売るに行く」という妻を押し止め、初めての賃仕事に出た。山下が「農の哀しさ」を知った原体験だった。

「農業には競争原理、市場原理は合わないのではないか。農には近代化の論理を超える、普遍的なものがあるのではないか」。芽生え始めたそんな思いを胸に、タイ東北部の農村視察に。そこでみたものも「借金して、大型化、機械化の農業に挑み、失敗して廃業する百姓たち」の姿だった。

この旅で「機械化、大型化の農業に未来はない」と痛感した山下は、仲間とともに、一九九〇年春、掘っ立て小屋風の直売所「みなとん里」を立ち上げる。地域の農家の野菜や果物、地元漁師が獲った魚などを小さな直売所で売るという小農主義への挑戦、実践だ。「隣で採れたきゅうりが手に入らないのはなぜ?」との、隣人の疑問に応える試みでもあった。

結果は――。消費者は都会にだけいるのではなく地元にもいた。野菜農家が果実を買い、果実農家が魚を買っていく。一日平均二〇〇人、週末には三〇万円以上を売り上げた。最初の店舗は台風で潰れるが、翌一九九一年、四〇〇万円かけ国道沿いの場所に特産品販売所「みなとん里」を(再)オープンする。

ここで張り切ったのは女衆だ。漬物、まんじゅう、みそ……女性たちが「みなとん里かあちゃん加工部」を結成、まんじゅう用ソラマメを一五アール、みそ用の大豆を三〇アール、つくるようになった。「こんなに生き生きと元気な妻の顔を見たことはない」と山下。後に彼女らはタイ東北部を訪問、直売所の経験をタイの農村女性に伝えた。それにならって東北タイでも朝市が始まり、「子供を大学に進ませた」などのうれしい報告も届いている。これより先、山下はタイ報告の書『タマネギ畑で涙して~タイ農村ふれあい紀行』(農文協)の印税全額を、アジア支援運動に寄付している。

外国への旅が、山下の思想と行動を後押しした。二〇一三年、山下はロシア・ハバロフスクでダーチャを視察する。ダーチャはロシア語で、菜園付きセカンドハウスのことだ。

都市郊外にあり、市民が国から与えられた六〇〇平方メートルの区画を開墾して小さな小屋を建て、週末や休暇に滞在して自家用の野菜や果樹、保存食をつくる。

起源はロシア革命。レーニンが地主階級から没収した土地を農民に再配分することを約束、紆余曲折の末、いまは申し出れば「自留置」として土地が与えられる。国民の大半がこの菜園を持ち、ジャガイモの国内生産の九割、野菜の八割が自給だという。ペレストロイカ以後のロシアの混乱で、餓死者が出なかったのは、このダーチャのお陰とされる。


私もロシアのダーチャを取材したことがある。モスクワ州ドゥブナ町はモスクワの北西約一六〇キロにある。モスクワからこの町に至る道の両側には、白樺林が延々と続いていた。白樺の幹の白と、晩夏の濃い葉の緑とのコントラストが美しい。空はあくまで高く、風も爽やかだ。首都モスクワを一歩離れれば、「母なるロシアの大地」の深い懐に抱かれることができるのだ。

ドゥブナの町には別荘組合「サットン協同組合」があり、ダーチャと呼ばれる別荘が数十区画ある。そのひとつ、リディア・ガダイチュクのダーチャを訪ねた。

「そう、あの頃はこのあたりのすべてのダーチャがジャガイモ畑になりましたよ」とリディア・ガダイチュク。

あの頃とは――。一九九二年、ロシア政府が社会主義経済から市場経済に切り替えた時期、その結果、一年で物価が二六倍にも上がり、人々の暮らしを直撃した、あの時期のことだ。ガダイチュク一家はこのとき、大急ぎで、やっと手に入れたダーチャの敷地いっぱいにジャガイモを植える。肥料も使わずに三〇〇キログラム収穫できた。同時にダーチャ内で鶏とウサギも飼った。ジャガイモは九三年、九四年には五〇〇キログラムの収穫となった。

「もしダーチャがなかったら、そしてそこからのジャガイモの収穫がなかったら、物価が二六倍に跳ね上がった九二年という年をどう凌いだか想像もつきません」

とガダイチュクは二六倍という言葉にひときわ力を込めてそう言った。

話を戻す。山下はダーチャと出会い、「心が軽くなった」という。「そうか。農業はこれでいいんだ。他人のことはさておき、究極は自分の食を賄えばいいのだ。小さく楽しく農に親しむことで豊かな人生が送れる。そうした人の輪を地域に広げればいいのだ」

ドイツやスイスには「クラインガルテン（Kleingarten）」がある。「クライン」はドイツ語で小さいの意、「ガルテン」は庭を意味する。土地を持たない都市市民を対象とした貸し農園で、ドイツの場合、第二次世界大戦がはじまるとクラインガルテン市民が急増。一九四〇年には全ドイツの食糧生産のうち、経営農家が五一パーセント、クラインガルテン市民が四七パーセントを担うまでになる。ヨーロッパの国々はそれぞれに、食料危機に備える市民皆農の歴史とシステムを持っていたのだ。

直売所での経験やヨーロッパの旅で得た教訓をもとに、山下らは二〇一五年、満を持して「小農学会」を立ち上げる。「小農は家族農業と同義であり、その地に根を張り、世代を繋いでいく存在。その小農の産物を地域で消費する（地産地消）。四里（一六キロ）四方でとれた季節のものを楽しく食べ、農家も消費者も、豊かに楽しく生き残ろう」（山下）という自給圏構想だ。そして山下らは「農的暮らし、田舎暮らし、菜園家族、定年帰農、市民菜園、半農半Xなどに取り組む都市生活者も、新しい小農」と定義している。

それは日本政府が進めてきた「農業の近代化、工業化路線」との明確な決別でもある。「単作化—規模拡大—機械化」などで生産は拡大するが、生産量の増加に伴って価格は下落、生産者は「ゴールなき競争」の泥沼に陥っていく。そしてその路線はエネルギーの多消費、資源の枯渇や土地の砂漠化などを避けられず、「持続可能な開発」の対極にある。

国連の発表によると、世界の農家戸数は約五億七〇〇〇万世帯、耕地面積は約一四億ヘクタール。規模では全体の七三パーセントが一ヘクタール以下、二ヘクタール以下だと八五パーセントになる。これらの小規模農家が農地、水、化石燃料の二五パーセントを使用して、世界の食糧の七〇パーセントを産出している。これに対し先進国の工業型農業は、農地と化石燃料の八〇パーセント、用水の七〇パーセントを使いながら、食糧の三〇パーセントしか生産していない。これが、国連が小規模家族農業を重視する最大の根拠・理由だという。

これまで全く知らなかった、思いが及ばなかった数々の数字と事実。小農こそがこの世界を支えてきたのだ。私は己の不明を深く恥じる。

さて、では農が持つ根源的な原理とは何なのか。山下は「それは三〇〇年前の江戸の農書の中にある」と言い切る。

「農業の基本的性格は成長より安定。拡大より持続。競争より共生」

「私がたどりついたのが、作物は『作り回し』、土は『こね回し』、田の面を『かき回し』、水は『引き回し』といった近代化以前の農業・農村にあった、江戸農書が説く循環の思想『まわし』。循環の原理を軸とした持続的な農業と地域社会のあり方」（『振り返れば未来』）。

いまなお、大資本は国境を越え、「地球規模のゴールなき大競争」を展開しているが、そこには民衆の幸せはあるまい。ローマクラブの「成長の限界」についての衝撃の報告書（一九七二年）から半世紀余。微生物利用の宇宙食や、小農主義に代表される「身近な足元の世界」への回帰など、「大から小」への転換が、世界の各地でみられる。「小さきものの世界」「足元を見つめ直す生活」へ向け、時代は、そして世界は、確実に旋回を始めた。「青い鳥」は足元にいる、との気づきともいえよう。国際的な小農の組織「ビア・カンペシーナ」にはいまや、八一カ国の二億人以上が加盟している。

山下は二〇二二年七月一〇日、永眠。享年八六。

彼が書き残した次の一文は、ロシアのウクライナ侵攻で、もはや他人事ではなくなった「食糧危機の時代」に、日本はどう立ち向かうのかについての「遺言」、「最後の提案」のように思われる。

私の見果てぬ夢は「日本版ダーチャ」、つまり一国の存続を左右する食料有事への備えと農業の持つ普遍的で崇高な価値を足元から見直し、市民皆農、国民皆農へ向かって手探りしていくことである（「どこの国でも小農は立国、救国の礎」・『新しい小農』所収）。

日本という国は、そして国民は、山下の問い掛けにどう応えるのか。一歩踏み出す覚悟はあるのか——。

山下が生前に関わった最後の本のタイトルは『山下惣一聞き書き・振り返れば未来』（聞き手佐藤弘、二〇二二年一二月刊）。タイトル文字も山下の直筆と思われる。「東北には『雪山で道に迷ったらじたばたせずにどっかと座り込み、心静かに、どこから山に入り、どう歩いてきたかをじっくり考えろ』という教えがある。明日を切り開くヒントは未来にではなく、人々が歩いてきた跡、つまり人類の歴史の中にある」と山下。「振り返れば未来」のタイトルは、山下のそんな思想の凝縮形なのだ。

思えば——。アフガンの荒野に水を届けた中村哲、そして佐賀の大地にどっかと腰を据え、小農主義の思想に至った稀有な思想家、実践者の山下惣一。私たちの同時代にも、江戸の知恵を継承、実践した「見事な日本人」がいた——。

完

あとがき

古文書から人物を立ち上がらせ、その人物が生活し、語るかたちで、江戸期磯子村の姿を再現、江戸文明に迫ることができないものか――。そんな無謀ともいえる試みに挑戦してみたのだが、予想通りの難作業だった。古文書、とりわけ地方文書は役人に出すものが多く、紋切型で、なかなか民衆の本音がみえない。結局、このような報告しか出来なかった。己の力不足を認め、お許しを乞うしかない。

さて、「物語形式」をとるに当たって私は、「勝手な妄想」に陥ることだけは避ける努力をしたつもりだが、何せ、古文書は初心者、江戸も歴史も門外漢という「アマチュア三重奏」である。誤認、誤解は多々あろうかと思う。ご指摘、お教えをいただきたい。

今回の作業は、「定点・磯子村からの報告」という形を取ったが、言うまでもなく磯子村は特殊な村ではなく、どこにでもある平凡な村のひとつだ。だから、磯子村村民が味わった喜怒哀楽は、他の多くの村の村人も味わったに違いない、と考える。

それにしても今年・二〇二三年の夏は暑かった。グテーレス国連事務総長が「地球温暖化の時代は終わった。地球沸騰化の時代が到来した」と語ったが、私には暑熱の向こうで江戸の人たちが「自然を痛めつけてはダメ。自然とともに生きなさい」と強く忠告しているように聞こえた。

もうひとつ、深く考えさせられることがあった。英国の慈善団体CAFが集計した国際調査「人助け指数」で、日本は一一九カ国・地域中、一一八位とワースト二位だった（二〇二三年八月一九日付、毎日新聞「余録」）。「見知らぬ人や、助けを必要とする人を助けたか」「寄付をしたか」「ボランティア活動をしたか」という問いに対する各国の人々の答えを集計したものだ。

なんとしたことであろうか。江戸末期から明治維新期、日本を訪れた外国人を残らず虜にした、日本人の優しさ、世話好きはどこへいってしまったのか。私たちはどこかに「大きな忘れ物」をしてしまったのではないか。改めて江戸に、虚心に学びたい、「江戸の風に聞け！」と強く思った。


今回もいろいろな人からお力をいただいた。横浜市歴史博物館前副館長・井上攻氏、横浜開港資料館館長・西川武臣氏、郷土史研究家・葛城峻氏のお三方には、貴重な時間と親切、丁寧なご教授をいただいた。さらに、多和田雅保・横浜国立大教授、新井裕美・神奈川県立歴史博物館学芸員、小林紀子・横浜市歴史博物館主任学芸員、吉崎雅規・横浜開港資料館調査研究員に教えと史料提供をいただいた。

古文書仲間では、真っ先に古文書一九会の新粥知行さんに感謝を申し上げたい。彼の協力、指導がなければ、この本は生まれなかった。また、同じく古文書仲間で、めっぽう数字に強い榊原直孝氏（私は密かに彼を「数字の魔術師」と呼んでいる）には何度か数字の解読をお願いした。古文書の会の先輩・鈴木美奈子、尾潟裕子、杉本朝彦の諸兄姉には、何度も恥ずかしいような初心者の質問をぶつけたが、その都度、優しくお答えをいただいた。さらに横浜古文書を読む会の河野他のメンバーからも有形、無形の励ましをいただいた。

農業問題研究者、小出麻子さんはじめ多くの人々から、史料の提供やアドバイスをいただいた。画像取り入れなどパソコン操作については伊藤節子さんに協力いただいた。また、校閲作業では論創社の内田清子さんに労をお取りいただいた。丁寧な仕事に、心から感謝しています。

最後に本書の出版を快諾くださった論創社の森下紀夫社長には厚くお礼を申し上げます。今回もまた、南雲智・東京都立大名誉教授に出版の労をお取りいただいた。感謝です。

本当に皆さま、ありがとうございました。

伊藤章治記

令和五年（二〇二三年）一〇月日

参考文献

全体に関わるもの

『横浜市史　第一巻』石井孝ら編、有隣堂
『横浜市史　第二巻』石井孝ら編、有隣堂
『神奈川県史通史編3　近世2』県史編集室
『神奈川県史通史編4　近代・現代1』県史編集室
『武江年表』斎藤月岑著、今井金吾校訂、筑摩書房
『日本庶民生活史料集成』谷川健一ら編、三一書房
『武州橘樹郡長尾村　鈴木藤助日記一～四』白石通子、小林博子編集
『逝きし世の面影』渡辺京二、葦書房

第一章

『富士山宝永大爆発』永原慶二、吉川弘文館
『富士山噴火と南海トラフ』鎌田浩毅、講談社

『小田原市史　通史編近世』小田原市編
『御殿場市史8　通史編上』御殿場市史編さん委員会編
『小山町史　第七巻』小山町史編さん専門委員会編
『怒る富士　上下』新田次郎、文藝春秋

第二章

『近世農民生活史』児玉幸多、吉川弘文館
『近世百姓の底力』渡辺尚志、敬文舎
『近世社会の成熟と宿場世界』井上攻、岩田書院
『日和見—日本王権論の試み—』宮田登、平凡社
『増補村の遊び日　自治の源流を探る』古川貞雄、農山漁村文化協会

第三章

『やぶにらみ磯子郷土誌』葛城峻、磯子区郷土研究ネットワーク
『旗本知行所の研究』川村優、思文閣出版
『旗本領の研究』若林淳之、吉川弘文館

『田中正造全集第一巻』全集編纂会編、岩波書店
『通史足尾鉱毒事件　１８７７—１９８４』東海林吉郎・菅井益郎、新曜社

第四章

『古着』朝岡康二、法政大学出版局
『商いの場と社会』吉田伸之編、吉川弘文館
『苧麻・絹・木綿の社会史』永原慶二、吉川弘文館
『江戸東京職業図典』槌田満文編、東京堂出版
『都市はいかにつくられたか』鯖田豊之、朝日新聞社
『誰がパリをつくったか』宇田英男、朝日新聞社
『近代日本都市近郊農業史』渡辺善次郎、論創社

第五章

『江戸時代にみる日本型環境保全の源流』農山漁村文化協会編、同会発行
『文明としての江戸システム』鬼頭宏、講談社
『大江戸リサイクル事情』石川英輔、講談社

『江戸宇宙』桐山桂一、新人物往来社
「環境」都市の真実』根崎光男、講談社
『講座　文明と環境3』梅原猛ら編、朝倉書店
『名ごりの夢』今泉みね、平凡社ライブラリー
『肥やしのチカラ』葛飾区郷土と天文の博物館編・発行
「宴遊日記」柳沢信鴻記、『日本庶民文化史料集成第13巻』（三一書房）所収
『生類をめぐる政治』塚本学、平凡社
『徳川綱吉』塚本学、吉川弘文館
『江東区史』江東区編・発行
『浅野セメント沿革史』同社刊
『震災無防備都市』田中義郎、陸口潤、伊藤章治、勁草書房
『江戸の川・東京の川』鈴木理生、井上書院

第六章

『江戸内湾の湊と流通』西川武臣、岩田書院
『幕末の農民群像』横浜近世史研究会編、横浜開港資料館発行

『日本橋魚市場の歴史』岡本信男・木戸憲成、水産社
『成熟する江戸』吉田伸之、講談社
『新横須賀市史　通史編近世』編集・発行　横須賀市
『知多半島の歴史と現在1・3・6・11・12』日本福祉大学知多半島総合研究所、校倉書房
『大江戸えころじー事情』石川英輔、講談社

第七章

『狼――その生態と歴史』平岩米吉、築地書館
『オオカミの護符』小倉美惠子、新潮社
『オオカミが日本を救う!』丸山直樹編著、白水社
『オオカミ冤罪の日本史』丸山直樹、日本オオカミ協会発行
『狼と人間』ダニエル・ベルナール、平凡社

第八章

『幕末社会』須田努、岩波新書

『百姓一揆とその作法』保坂智、吉川弘文館
『お伊勢参り』鎌田道隆、中公新書
『犬の伊勢参り』仁科邦男、平凡社新書
『ええじゃないか―民衆運動の系譜』西垣晴次、講談社
『ええじゃないか』高木俊輔、教育社
『「おかげまいり」と「ええじゃないか」』藤谷俊雄、岩波書店
『東海道中膝栗毛現代語訳』十返舎一九著、伊馬春部訳、岩波書店
『一外交官の見た明治維新』アーネスト・サトウ、岩波文庫（上、下）

第九章

『幕末・維新』井上勝生、岩波新書
『開国と幕末変革』井上勝生、講談社
『ペリー来航』西川武臣、中公新書
『日本開国史』石井孝、吉川弘文館
『黒船来航と横浜』石井光太郎編、横浜郷土史研究会
『新横須賀市史　通史編近世』横須賀市　編集・発行

『幕府海軍』金澤裕之、中公新書
『一外交官の見た明治維新上、下』アーネスト・メイスン・サトウ、岩波文庫
『ペリー提督日本遠征記』M・C・ペリー著、F・L・ボークス編纂、角川書店
『中島三郎助文書』中島義生編、私家本
『北の海鳴り』大島昌宏、新人物往来社
『くろふね』佐々木譲、角川書店

第一〇章

『健康と病のエピステーメー』柿本昭人、ミネルヴァ書房
『ペスト大流行』村上陽一郎、岩波書店
『ペストの文化史』倉持不三也、朝日新聞社
『地震の日本史』寒川旭、中公新書
『安政大地震と民衆』北原糸子、三一書房

第一一章

『幕末の農兵』樋口雄彦、現代書館

『幕末の世直し　万人の戦争状態』須田努、吉川弘文館
「今昔備忘記」佐藤俊宜記、菊池明ら編『新選組史料大全』中経出版所収
『武州世直し一揆』近世村落史研究会編、慶友社
『新編埼玉県史　通史編4　近世2』埼玉県編集・発行
『戊辰の横浜』横浜市歴史博物館・横浜開港資料館編、横浜市ふるさと歴史財団発行
『堤磯右衛門　幕末維新「懐中覚」』横浜開港資料館編、横浜開港資料普及協会発行
「横浜市域における農兵に関する基礎研究1・2」小林紀子、「横浜市歴史博物館調査研究報告11・12」

第一二章

『堤磯右衛門　幕末維新「懐中覚」』横浜開港資料館編
『横浜開港資料館紀要　13号、14号、15号』横浜開港資料館編
『横須賀製鉄所の人びと』富田仁、西堀昭ら、有隣堂
『日本産業資本成立史論』楫西光速、御茶の水書房
『武揚伝　上、下巻』佐々木譲、中央公論新社
『メルメ・カション――幕末フランス怪僧伝』富田仁、有隣新書

『横浜にあったフランスの郵便局』松本純一、原書房

終章

「勧農教訓録」林八右衛門、『日本庶民生活史史料集成第6巻』三一書房所収
『八右衛門・兵助・伴助』深谷克己、朝日新聞社
『貧農史観を見直す』佐藤常雄、大石慎三郎、講談社現代新書
『日本風俗備考1、2』フィッセル、平凡社東洋文庫
『耳嚢』根岸鎮衛、平凡社東洋文庫
『覚書幕末の水戸藩』山川菊栄、岩波文庫
『日本文明史6　太平の構図』野口武彦、角川書店
『天、共に在り　アフガニスタン三十年の闘い』中村哲、NHK出版
『人は愛するに足り、真心は信ずるに足る　アフガンとの約束』中村哲著、聞き手澤地久枝、岩波現代文庫
『新しい小農　その歩み・営み・強み』小農学会編著、創森社
『振り返れば未来　山下惣一聞き書き』山下惣一著、聞き手佐藤弘、不知火書房
『ジャガイモの世界史』拙著、中公新書

伊藤　章治（いとう・しょうじ）

1940年（昭和15）、旧満州（現・中国東北部）生まれ。1964年、名古屋大学法学部卒。同年、中日新聞社（東京新聞）に入社、四日市支局、社会部記者、バンコク支局長、東京本社文化部長などを経て、1998年、編集委員兼論説委員。2001年から2010年まで桜美林大学教授。現在、同大名誉教授。

主な著書に、『原点・四日市公害10年の記録』（ペンネーム小野英二、勁草書房、1971年）、『震災無防備都市』（共著、勁草書房、1979年）、『タイ最底辺』（勁草書房、1984年）、『現場が語る環境問題』（同、1995年）、『夢みたものは——アジア人間紀行』（幻冬舎、1996年）、『ジャガイモの世界史』（中公新書、2008年）、『レバノン杉物語』（共著、桜美林学園出版部、2010年）、『風と風車の物語』（論創社、2012年）など。

現在、「古文書一九会」「火曜古文書会」「横浜古文書を読む会」会員。

江戸の風に聞け！——武州磯子村から

2024年3月20日　初版第1刷印刷
2024年3月25日　初版第1刷発行

著　者　伊藤章治
発行者　森下紀夫
発行所　論 創 社
東京都千代田区神田神保町2-23　北井ビル
tel. 03（3264）5254　fax. 03（3264）5232　web. https://ronso.co.jp
振替口座　00160-1-155266
装幀／宗利淳一
印刷・製本／中央精版印刷　組版／フレックスアート
ISBN978-4-8460-2360-7　